VIE ET TRAVAUX

DE

M. J. F. LESCUYER

ORNITHOLOGISTE

Par MGR FÈVRE

VICAIRE GÉNÉRAL, PROTONOTAIRE APOSTOLIQUE

Le seul moyen d'avancer l'Ornithologie serait de faire l'histoire particulière des oiseaux de chaque pays.
(Buffon, *Œuvres*, t. V, p. 12, édit. Flourens.)

LANGRES

JULES DALLET, LIBRAIRE-ÉDITEUR

1883

VIE ET TRAVAUX

DE

M. J. F. LESCUYER

ORNITHOLOGISTE

OUVRAGES DE MGR FÈVRE

IMPRIMERIE GÉNÉRALE DE CHATILLON-SUR-SEINE — JEANNE ROBERT

VIE ET TRAVAUX

DE

M. J. F. LESCUYER

ORNITHOLOGISTE

PAR MGR FÈVRE

VICAIRE GÉNÉRAL, PROTONOTAIRE APOSTOLIQUE

Le seul moyen d'avancer l'Ornithologie serait de faire l'histoire particulière des oiseaux de chaque pays.
(BUFFON, *Œuvres*, t. V, p. 12, édit. Flourens.)

LANGRES

JULES DALLET, LIBRAIRE-ÉDITEUR

1883

PRÉFACE

———

En faisant des recherches pour la *Biographie de la Haute-Marne*, j'ai rencontré le nom, à moi inconnu, de M. Lescuyer-Guillaume, ornithologiste à Saint-Dizier. Le vif intérêt qui m'attache à toutes les sciences et le sentiment affectueux qui me pousse vers tous les hommes de mérite me pressèrent d'étudier les écrits de notre savant compatriote, puis d'entrer en relation avec sa personne. Après avoir pris, des ouvrages, une connaissance approfondie ; après avoir examiné avec soin les manuscrits et les collections du savant, il me parut qu'un tel ensemble de travaux ne serait pas suffisamment connu par une biographie de quelques pages. De plus, en considérant le nombre des écrits de l'honorable auteur, il me sembla qu'il devenait nécessaire, pour en mieux saisir les vues générales, d'en présenter une analyse synthétique et compréhensive. De là cet opuscule.

Dans cet écrit, nous nous proposons donc deux choses : 1° Écrire la biographie détaillée de M. Lescuyer et la composer de manière à rendre un compte exact de ses études, de ses collections et de ses travaux ; 2° ajouter, aux détails biographiques, une analyse fidèle et complète des ouvrages du brave savant.

C'est notre conviction entière et désintéressée, que, ni l'homme, ni ses œuvres, ne sont suffisamment connus et appréciés comme ils devraient l'être. En essayant de remédier à cette ignorance d'ailleurs excusable, nous avons voulu, avant tout, faire acte de justice. Nous croyons qu'il y a là des exemples à imiter, des enseignements à ne pas perdre et une grandeur à découvrir. L'homme qui agit le plus à courte échéance, qui vit tout entier dans le quart d'heure, qui flotte à tout vent, qui va, qui vient sans autre raison d'aller et de venir que l'explosion instantanée de la sensation, celui-là n'est pas un homme. Mais l'homme qui, injurié ou applaudi, compris ou méconnu, agit le plus à long terme, se consacre à la culture des sciences ou au bien de l'humanité, met le plus l'idée de perpétuité dans son œuvre et jette au besoin son œuvre par-dessus les siècles à la postérité, comme le naufragé, en sombrant, jette son testament par-dessus les vagues, au rocher du rivage, celui-là est un grand homme.

Par ses travaux et par ses œuvres, notre ornithologiste se place à double titre parmi les premiers représentants de la science. En attendant que la postérité paie à sa mémoire un juste tribut, je voudrais que ce livre, à force d'équité, fût un hommage à ses mérites ; je n'ose pas croire qu'il puisse être un monument.

Sans oublier qu'il ne peut être juge et qu'il ne doit pas être panégyriste, l'auteur a pensé que tout ce qu'il avait droit de faire, sans manquer à des convenances qu'il respecte, il avait aussi le devoir de l'accomplir, et que, mieux placé que d'autres, pour connaître et faire connaître les travaux de François Lescuyer, il lui appartenait d'en esquisser l'histoire. Tel est le sentiment avec lequel il a pris la plume, pour écrire, en termes simples, la vie et le résumé des travaux d'un homme dont la foi et les vertus égalent au moins le savoir.

Entre le biographe et son héros, il n'existe, n'est-il pas superflu de l'ajouter, aucun engagement d'amour-propre. L'homme nous est à peine connu ; de l'auteur, nous ne dirons guère que ce que révèlent les livres et ce que nous ont appris des recherches de pure érudition. Par le peu que nous en savons, l'auteur nous a même paru d'un esprit réfractaire à toute louange et d'une vertu intimidée par tout acte de justice. Cette délicatesse ne cadre que trop avec la médiocre disposition du public à rendre hommage au mérite et à sa disposition habituelle de laisser la vertu dans l'ombre. Pour nous qui n'écrivons que pour combattre les infirmités de la foule et relever son courage, nous nous arrêtons, moins que personne, aux petits ombrages et aux humbles timidités. Mettre la science en lumière, c'est honorer le zèle, servir la vérité et glorifier Dieu. Nous n'ignorons pas autrement qu'il ne faut pas louer l'homme avant sa mort, mais qu'à Dieu seul appartiennent tout honneur et toute gloire.

VIE ET TRAVAUX

DE M. LESCUYER

I

ORIGINE DE M. LESCUYER ; SA VOCATION

Charmont est un village populeux, du canton de Heilz-le-Maurupt, arrondissement de Vitry-le-François, Marne ; son nom vient d'une montague élevée d'environ deux cents mètres au-dessus du niveau de la mer ; il en occupe le sommet et ce mont lui est également cher par ses charmes et par ses souvenirs. Ce bourg, situé à quatre kilomètres de Nettancourt (Meuse), formait autrefois avec ce village, un point des frontières de la Champagne et de la Lorraine ; anciennement, il possédait un château féodal ; de nos jours, il ne se recommande plus que par son bureau de poste, son télégraphe, son étude de notaire ; mais il possède et sait apprécier les éternelles beautés de la religion et de la nature. De la plate-forme de son ancien château, l'œil plonge, au midi, dans la vallée de la Saulx, bien au delà de Vitry ; à l'est et au nord, il distingue, à une égale distance, les hauteurs de Beaulieu et de Bar-le-Duc. Les grands bois de Charmont servent de trait d'union aux forêts de l'Argonne et de Trois-Fontaines, que continuent les forêts du Val et du Der. Les étangs qui occupent la partie basse de son territoire, près de la rivière de Vierre, mettent en communication les grands étangs de Belval au nord avec les étangs de Vanault, au midi, et, par là même, avec les grands étangs du Der et les marais de Saint-Gond. Par la nature de son sol, qui forme une des limites des terrains crayeux de la Champagne, Charmont n'attire pas moins les regards de l'observateur. Soit donc que nous examinions sa constitution géologique, soit que nous embrassions ce pays et son territoire d'un coup d'œil d'ensemble, Charmont nous apparaît comme un observatoire ouvert aux études sérieuses et un champ qui promet les plus fructueuses observations.

C'est à Charmont que naquit, le 7 janvier 1820, un enfant qui reçut au baptême les prénoms de Jean-François et qui devait être l'ornithologiste Lescuyer. Son père était notaire; il avait succédé à son père qui de 1775 à 1809, au milieu des vicissitudes privées et publiques, avait géré la même charge. La famille appartenait à cette moyenne bourgeoisie qui, sous le nom de tiers-état, avait été, dans l'ancien régime, l'instrument de tous les progrès sociaux et de toutes les conquêtes politiques, et qui est encore la classe prépondérante dans ces sociétés modernes où l'esprit de nivellement tend d'ailleurs à effacer toutes les distinctions. Un incendie en 1830 détruisit un quartier du village et anéantit les papiers de la famille : il serait impossible d'en reconstruire la généalogie. Nous ne noterons qu'un trait historique.

M. Lescuyer père avait épousé une demoiselle Guillemin, fille d'un propriétaire de Nettancourt. Le grand-

père de cette dame avait acheté, en 1787, de Marguerite
de Nettancourt, dame de Marnézia, son château et son
domaine. Ne trouvant pas cette immense habitation en
rapport avec ses goûts modestes et ses vastes cultures,
M. Guillemin la fit démolir et bâtit à la place une maison
bourgeoise : c'est là que Jean-François, dans sa jeunesse,
allait, pendant les vacances, mener les joyeuses parties
d'étudiant. En 1860, le marquis de Nettancourt offrit à
la famille de racheter cette propriété magnifique; ses
offres ayant été acceptées, il commença par raser la
maison bourgeoise et éleva ensuite toutes les constructions complémentaires d'un château; mais, depuis vingt
ans, ce château est resté à l'état de projet et il est probable qu'on ne le verra jamais que sur le papier d'architecte. Ces maisons, successivement démolies, faisant
place au vide, c'est un des traits de notre étrange civilisation et le châtiment d'illusions dont la modestie pourrait aisément prévenir les écarts.

Le père et le grand-père avaient été notaires; on dit au
fils : « Tu seras notaire, » et on l'éleva en conséquence.
Les établissements d'instruction primaire et secondaire
virent arriver, parmi leurs bruyantes recrues, un enfant
aux mœurs douces, à l'allure pacifique, à l'œil timide,
qui dévora ses grammaires et s'en fut, au sortir des hu-
manités, à l'école de droit. Pour conquérir sa branche
de laurier et passer la licence, l'étudiant en droit commença à s'abandonner au courant des études philosophiques. Le texte des lois, les commentaires qu'en donnent
les docteurs plaisaient autant à son esprit attentif qu'à
son cœur ami du bien; mais sa mémoire réussissait
moins à lui fournir la sentence des *Institutes*, l'article des
Pandectes ou du *Code* nécessaires à la discussion. Pour
remplir ses magasins de souvenirs exacts et précis, le

jeune Lescuyer s'était fait une synopse où il synthétisait,
à sa manière, toutes les données du Code et, en étudiant
les éléments juridiques, s'élevait jusqu'à la philosophie
du droit. Ce premier essai indiquait les tendances de son
esprit et préparait la caractéristique de sa carrière.

Reçu licencié le 9 août 1844, bientôt marié à made-
moiselle Cécile-Pauline Guillaume, dernière descendante
des seigneurs d'Osches, dont l'illustre famille avait fourni
des avocats, des syndics, des baillis, des prévôts et des
délégués d'intendants [1], M. Lescuyer allait succéder à son
beau-père, M. Guillaume, notaire à Saint-Dizier, quand il
fut empêché par une grave maladie. Dans un corps dé-
licat, prématurément fatigué par les veilles, le futur ta-
bellion joignait, à un esprit observateur, une volonté
forte, une âme résolue, dont la froide ardeur menaçait
de briser tous les ressorts de sa constitution alanguie.
La maladie qui avait été la suite de cette prédominance
de l'âme sur le corps, aussitôt que les forces revenaient
menaçait de recommencer; le défaut d'équilibre entre
les énergies physiques et les puissances morales, ne pouvait aboutir qu'à une prompte mort. Les disciples d'Es-
culape et de Galien déclarèrent tout net au jeune notaire
que s'il se lançait dans le papier timbré, il s'en ferait un
linceul. A trente ans, époux et père, n'avoir d'autre
perspective que de laisser son épouse veuve et son fils
orphelin, il n'en faut pas tant pour changer le cours
d'une existence et la continuer sur d'autres programmes.
Les oracles d'Epidaure conseillaient de fuir les longues

---

1. Cf. *Notice biographique sur la famille de M⁰ Antoine-Henry Aubry,*
seigneur d'Osches, syndic de Bar, dans les *Mémoires* de la société des
lettres, sciences et arts de Bar-le-Duc, t. V, année 1875. — M. le cardinal de Bissy, évêque de Meaux, abbé de Trois-Fontaines, seigneur de
Sermaize, fils de Gabriel-Anthoine Claudot, écuyer au Parlement, et de
dame Jeanne Lemoine, était grand-oncle de madame Lescuyer-Guillaume.

séances du cabinet, de s'engager dans la vie active, de se livrer aux exercices pédestres et fatigants de la promenade et de la chasse : Jean-François se fit faire de grandes guêtres, de fortes semelles, rabattit sur ses yeux la casquette à grande visière et le voilà, moderne émule du biblique Nemrod, engagé dans la confrérie de Saint-Hubert.

Je ne dirai rien des chevreuils, lièvres, perdreaux, cailles tombés en hécatombe sous le plomb meurtrier du jeune chasseur. Avec son esprit philosophique, notre licencié en droit ne demandait pas mieux que de guérir; et puisque la chasse était un remède, il voulut s'y appliquer comme à un devoir : les exploits cynégétiques, plaisir pour les autres, devaient être, pour lui, des actes de vertu. La chasse est une récréation honnête, mais facilement dangereuse. Parce qu'elle est honnête, on s'y livre volontiers avec ardeur; en s'y livrant avec ardeur, on oublie aisément les pensées sérieuses, les obligations d'état, de famille et de société; en exerçant beaucoup les pieds on se perd la tête. La chasse d'ailleurs caresse, au fond du cœur, certaines fibres secrètes, certains instincts de sauvagerie qui absorbent volontiers tout l'homme. Le chasseur, s'il n'y prend garde, devient semblable au sagittaire de la fable, moitié homme, moitié bête : une belle poitrine, un œil sûr, un bras vigoureux, des jarrets d'acier; mais cet être au beau poitrail se termine en corps de bouc; il se distrait de la venaison pour courir les nymphes et ses nymphes ne sont pas toujours des muses. Notre chasseur ne donna pas contre cet écueil vulgaire : il prit, de la chasse, tout juste ce qu'il fallait pour refaire sa constitution; dès que sa santé fut rétablie, à la poursuite du gibier, il substitua la poursuite des idées et, au lieu d'abattre, chaque jour, quelques pièces, il préféra s'enrichir l'esprit par un contingent quotidien d'observations.

La Faculté lui défendait les gribouillages sur timbre et le travail de cabinet; il prit, pour abri, la voûte du ciel; et, pour champ de travaux, la nature. Les oiseaux s'envolaient sous ses pieds et chantaient sur sa tête; ces oiseaux, qu'il avait beaucoup aimés, comme il sied à une âme candide et tendre, il les choisit pour objet d'études. Par goût, par choix, par une vocation qui prendra désormais tous ses instants, M. Lescuyer se consacra à l'ornithologie.

L'ornithologie, ainsi que l'indique l'étymologie de ce mot, a pour objet l'histoire naturelle des oiseaux; c'est une branche de la zoologie, et, par conséquent, une science. A ce titre, elle recherche les faits et les forces qui se manifestent dans le monde des oiseaux, les détermine et les classe d'après la communauté de leur origine et de leur fin. L'ornithologie ne manque donc ni d'étendue, ni de profondeur, ni d'utilité. Buffon lui a consacré d'éloquentes pages; des savants ont voulu en faire l'objet de leurs cours et de leurs ouvrages. Sa diffusion est d'autant plus désirable qu'elle touche à des intérêts plus multiples. La culture des champs et des jardins, l'aménagement des forêts, l'industrie et le commerce, la législation et l'administration, y trouvent des richesses et des lumières. Indépendamment de son utilité, l'ornithologie offre des avantages. « Elle a, dit notre auteur, pour l'intelligence, un attrait particulier qu'elle puise en elle-même et dans ses rapports intimes avec la géologie, la botanique, les différentes branches de la zoologie, l'esthétique, la philosophie, la religion, la législation et l'agriculture. — Les plus grands savants ont laissé des erreurs à rectifier, des lacunes à combler.'

L'application de leur enseignement général à toutes les
localités est encore une tâche très ardue. Le jeune ornithologiste est donc certain de faire quelques découvertes
intéressantes pour sa contrée, et même pour la science.
Il est assuré de pouvoir goûter ainsi une des joies les
plus pures et les plus profondes, la joie de l'homme qui
découvre et révèle quelques paillettes de la vérité infinie
pour laquelle nous sommes créés, et vers laquelle nous
aspirons de toutes nos forces. Qui n'a été frappé de l'é-
panouissement et des transports d'un collectionneur heureux ! — L'ornithologie est, pour l'esprit, aussi fortifiante
qu'agréable ; elle donne, en effet, à un haut degré, l'esprit d'observation et d'induction. Il est essentiel, assurément, de lire et d'étudier les livres des savants ; mais
il est également nécessaire de suivre leur exemple, de
*chercher à lire dans le grand et magnifique livre de la na-
ture*, et à *en extraire les principes*. Ce travail n'est jamais
sans profit pour la vérité, et surtout pour celui qui la
cherche. Sans compter d'autres avantages, il développe
son imagination, sa perspicacité, l'esprit d'invention [1]. »

L'objet de sa vocation déterminé, il fallait en circons-
crire le champ de travail. Encore qu'un homme puisse
étudier les oiseaux dans le vaste panorama de la création, il n'est donné qu'à un esprit superficiel de se répandre dans une si vaste étendue. Plus l'homme appro-
fondit, plus il doit se limiter étroitement. « Le seul
moyen d'avancer l'ornithologie, disait déjà Buffon, serait
de faire l'histoire particulière des oiseaux de chaque
pays [2]. » C'est, en effet, par ces études locales, poussées
jusqu'au dernier degré d'analyse et de synthèse, qu'on

1. F. Lescuyer, *Les oiseaux dans les harmonies de la nature*, 2ᵉ édition, p. 215.
2. Buffon, *Œuvres*, t. V, p. 12, édition Flourens.

pourra, par juxtaposition d'ouvrages et dégagement des faits généraux, écrire l'histoire naturelle du globe. Sans vouloir s'engager dans une si grande entreprise ni prétendre à y contribuer, comme Jean-François appliquait à cette étude, la méthode philosophique, dont il avait fait usage dans ses cours de droit, les questions surgirent bientôt de tout côté et assaillirent tous les abords de son esprit. Pour en découvrir la solution, il se mit à explorer avec passion nos champs, nos eaux, et nos bois. A Charmont, à Saint-Dizier, et dans ses stationnements divers chez des amis, notre ornithologue suivait toujours ardemment la même idée. Tant et si bien qu'il se trouva conduit par les circonstances à renfermer ses études dans la vallée de la Marne, depuis Chaumont en Bassigny jusqu'à Châlons.

En consultant la science, nous apprenons que la surface totale de la terre équivaut à 509, 950, 820 kilomètres carrés ou à 50, 995, 082, 000 hectares, et que sa population est d'à peu près 1439 millions d'habitants. Si ensuite, nous jetons les yeux sur une mappemonde, nous voyons que la vallée de la Marne et ses habitants y occupent une bien petite place. Située presque entièrement, dans sa longueur, entre le 48° et le 49° degré de latitude, et, en largeur, entre le 2° et le 3° degré de longitude est ; à une altitude qui, de Châlons à Chaumont va progressivement de 82 à 324 mètres au-dessus du niveau de la mer ; composée de plaines et surtout de coteaux à pentes douces, sur le versant des montagnes de Langres à la Manche, à peu près à égale distance de cette mer et des grands soulèvements de la Suisse, cette vallée jouit d'une température modérée et égale, très favorable à la pureté de l'air et au développement de la production. Les terrains calcaires qui s'étendent, de Saint-Dizier à

Chaumont et les terrains crayeux des arrondissements de Vitry et de Châlons, tout en fournissant des pierres et différents minerais de fer, ne sont pas moins couverts d'une couche de terre végétale. Beaucoup de coteaux en terres fortes sont, de Sainte-Menehould et de Saint-Remy à Chaumont, couronnés de bois et forment, des forêts de l'est de la France, une lisière magnifique. D'autres coteaux, à terre légère, sont en général plantés de vignes ; quelques-uns, à pentes rapides et recouverts d'une faible couche de terre, sont restés à l'état de pâturage. Les plateaux et surtout les plaines prêtent aux cultures les plus avancées. Les plantes herbacées y sont aussi variées que vigoureuses et les bassins élargis de la Marne, de la Saulx, de la Blaise présentent les plus belles prairies. Sans compter les phanérogames récemment découverts par le docteur Richon, la vallée de la Marne compte environ 1500 espèces de plantes herbacées et arborescentes. La plupart ont une force de production considérable. Un chêne a produit, en un an, 32,000 glands ; un hêtre a fourni 57,600 faînes ; un saule a donné deux doubles décalitres de graines ; un frêne, deux doubles et demi ; un charme, trois doubles et demi. Un orme, à l'état d'arbre, peut produire, chaque printemps, 500,000 fruits ; un seul pied de pavot a produit 3,000 graines. Dans notre vallée se trouvent donc accumulés les éléments d'une très grande richesse agricole.

C'est en tablant sur ces faits, que le chasseur, passé à la poursuite de la science, découvrit les bases de l'ornithologie. Dans sa pensée, il ne s'agissait pas d'abord de s'élever si haut ; bien moins encore de continuer, par ses labeurs individuels, les grandes traditions de l'histoire naturelle. En voyageant, il constatait les faits ; les faits constatés posaient, dans son esprit, des questions ;

ces questions posées, Jean-François voulait les résoudre,
d'une manière adéquate, par l'expérience et par la philosophie. Pour mener à bien ses expériences, il n'avait pas besoin de livres, et, en effet, il en consulta peu. S'il n'eût été
qu'un esprit médiocre, il n'eût pas manqué de se procurer Buffon, Daubenton, Lacépéde, Cuvier, Geoffroy
Saint-Hilaire, dans les éditions complètes ; de les lire en
dilettante ; de s'instruire par les distractions d'une vo-
luptueuse paresse ; puis de se réjouir, de s'enfler, de
s'exalter en raffinant un peu sur tout le monde. En esprit de complexion plus fière et de tournure plus originale, il voulut, ce sont ses expressions, lire dans le
grand livre de la nature et en dégager les principes.
Singulier contraste ! la bibliothèque de ce savant naturaliste se compose surtout de livres de droit ; elle est
d'ailleurs reléguée au second étage de sa maison. Quant
aux livres d'histoire naturelle, il s'était toujours proposé
de les lire, mais plus tard, seulement quand, ayant
achevé ses ouvrages, il éprouverait le besoin de les
contrôler. Une maladie le força à des ajournements sans
cesse renouvelés ; il n'acheta même pas les classiques de
sa profession. Ce qu'il a écrit depuis, il l'a trouvé lui-
même. Il a trouvé, sans doute, des choses déjà découvertes ; il en a découvert aussi beaucoup qui ne l'étaient
pas. De là, pour lui, un état permanent de contemplation
et d'allégresse dont rien au monde ne pourrait exprimer
les douceurs et compter les enthousiasmes.

« Ici, pourrait-il dire avec Chateaubriand, nous ne
suivons personne. Nous avions consacré à l'histoire naturelle des études que nous n'eussions jamais suspendues, si la Providence ne nous eût envoyé la tribulation.
Nous voulions opposer une *Histoire naturelle religieuse*,
à ces livres scientifiques modernes, où l'on ne voit plus

que la *matière*. Pour qu'on ne nous reprochât pas dédaigneusement notre ignorance, nous avions pris le parti de voyager et de voir tout par nous-même. Nous rapportons donc quelques-unes de nos observations : le champ de la nature ne peut s'épuiser, et l'on y trouve toujours des moissons nouvelles. Ce n'est point dans une ménagerie où l'on tient en cage les secrets de Dieu, qu'on apprend à connaître la sagesse divine ; il faut l'avoir surprise, cette sagesse, dans les régions inexplorées, pour ne plus douter de son existence : on ne revient point impie des royaumes de la solitude. Malheur au voyageur qui aurait fait le tour du globe et qui rentrerait athée sous le toit de ses pères [1]. »

Notre savant, au surplus, se plaçait à ce point de vue, non seulement par principe de foi, mais encore par conséquence logiquement déduite de la philosophie. Sa haute intelligence portant l'homme à la contemplation, les innombrables objets que l'univers contient fixent tour à tour son esprit observateur ; outre le vulgaire intérêt de la simple apparence que leur grandeur, leur forme, la diversité des couleurs offrent à l'attention, quels sublimes enseignements présente cet immense livre ouvert à tous les yeux! Livre que peu d'hommes toutefois ont cherché à comprendre, en tâchant d'épeler, syllabes par syllabes, son style symbolique, cependant si clair dans ses obscurités et si précis malgré ses mystères.

En effet, quand même l'étude de la nature n'aurait pour objet que de nous faire connaître les êtres innombrables qui remplissent le monde, elle offrirait déjà l'immense intérêt d'une prodigieuse diversité. Bornée là, cependant, elle ne serait qu'une vaine science ; l'œil

1. *Génie du Christianisme*, liv. I, ch. IV.

scrutateur du vrai naturaliste y voit quelque chose de plus ; il est frappé d'abord de l'admirable harmonie qui règne partout, dans l'ensemble de l'univers, entre la forme, la disposition et les mouvements si étonnamment réguliers des astres, la succession des saisons et la périodicité que présentent une foule de phénomènes dont les influences réciproques déterminent une foule d'effets d'ordre secondaire. Ensuite il voit s'accomplir de nombreux actes de différente nature entre les diverses substances brutes ; d'où naissent une infinité de transformations qu'elles subissent, toujours de la même manière dans des conditions identiques.

Le seul enchaînement des causes et des effets prouve qu'ils procèdent d'un principe universel ; et que les effets ne sont que le résultat nécessaire des influences que les êtres exercent les uns sur les autres. En examinant ces faits pour les ramener à leurs principes, on a reconnu que cette dépendance si remarquable entre les causes et les effets, n'était que le résultat inévitable de certaines propriétés inhérentes à la matière même ; leur action est soumise à des lois rigoureusement invariables, lois que les mathématiciens ont formulées avec une telle précision, qu'elles donnent la parfaite explication de tous les phénomènes physiques. Comme ces lois ne sont que les conséquences mathématiques des propriétés de la matière, elles lui sont donc nécessairement inhérentes. Une seule de ces actions toutefois, le mouvement, différant de tous les effets de l'attraction, ne saurait être dû à aucune propriété de la matière ; il est nécessaire qu'une puissance étrangère l'imprime aux corps qui obéissent à son impulsion.

C'est en se fondant sur cette nécessité des résultats procédant de la fatalité mathématique, que certains hom-

mes ont cru pouvoir tout expliquer par la seule matière
et devoir rejeter toute autre puissance. Mais outre que,
dans leur théorie, on ne peut expliquer ni la diversité
des êtres, ni le mouvement, leur doctrine n'est plus re-
cevable quand il s'agit des êtres vivants qui peuplent la
terre. Ici, au contraire, rien n'est soumis à la nécessité
des lois mathématiques, excepté les moyens secondaires
d'exécution, telles que les forces mises en usage pour
l'accomplissement des phénomènes qui se produisent
dans l'admirable complication des espèces. A ces faits,
déjà si étonnants, se joignent d'autres faits, plus surpre-
nants, si possible, indiquant les nombreuses conditions
d'existence dans lesquelles les organes sont maintenus
dans des rapports rigoureusement déterminés, selon
les fonctions qu'ils ont à remplir. C'est surtout dans ces
diverses conditions que l'on reconnaît, avec la dernière
évidence, l'*application de toutes les sciences* à des degrés
d'élévation que l'intelligence humaine ne saurait conce-
voir ; une *bonté ineffable* par laquelle les moindres in-
convénients ont été prévus et évités ; enfin une *toute-
puissance* qui a, entre autres, créé l'inconcevable *principe de vie*, dont l'influence sur le corps soustrait les
êtres à l'action destructive des propriétés chimiques de la
matière, en suspendant, là où il commande, les effets
qu'elles produisent d'ordinaire. Sans ce principe, la
mort serait l'état naturel de la création ; c'est par le principe de vie que les êtres vivants constituent, dans la
nature, une miraculeuse exception [1].

Cette harmonie, cette sagesse, cette bonté, cette puissance révèlent à l'esprit du naturaliste, l'irréfragable vérité, que le sublime ensemble de l'univers ne saurait

1. Cf. Strauss-Durckheim, *Théologie de la nature*, 3 vol. in-8°,
Paris, 1852.

être que l'œuvre d'une intelligence et d'une volonté créatrice, d'un principe primordial, partant éternel, qui l'a tiré du néant : Être souverain devant qui l'homme doit se prosterner humblement pour lui offrir l'hommage de son admiration, de sa reconnaissance et de son amour. Mais si l'existence du principe divin, comme cause première de tout ce qui est, ne se dévoile réellement à nos yeux que dans l'organisme et les facultés des êtres vivants, quelle noblesse de pensée, quel zèle pieux, quel dévouement, surtout quels travaux et quels sacrifices sont nécessaires pour mettre à nu ces prodiges!

Tels sont les principes d'étude posés par notre savant; nous les avons recueillis dans ses conversations; ils sont la meilleure marque de sa vocation scientifique; ils devaient en assurer le succès et en créer le premier honneur.

II

TRAVAUX DE M. LESCUYER

La science est la connaissance exacte de ce qui est. Notre esprit ne l'ayant pas en lui-même, non plus que l'œil la lumière, il lui faut un maître. Ce maître est la vérité et la sagesse, en qui sont enfermés tous les trésors de la science. Moyennant la grâce de Dieu, le travail et l'application peuvent, avec le temps, tout apprendre, j'entends tout ce qui tombe sous la compétence de l'esprit humain. Si vous voulez apprécier les œuvres d'un savant, il faut donc, après vous être enquis de l'objet de ses études et des principes qu'il y apporte, vous informer des travaux préparatoires que tout homme, même de génie, doit s'imposer avant de produire des œuvres.

Je n'insiste pas sur la nécessité de ces travaux, mais je déplore, en passant, leur rareté. De nos jours, on s'enfle et on se vante beaucoup; on travaille peu. En étudiant la biographie même des grands savants, vous verrez que la plupart s'imposent, pour parvenir, de réels sacrifices; mais dès qu'ils sont parvenus aux richesses et aux honneurs, ils ne sont plus guère que les potentats de la science acquise : ils la gardent, sans la communiquer ni l'étendre. Entre eux, ils forment des sociétés d'admiration mutuelle ; ils pratiquent, avec une régularité diplomatique, le libre échange de l'éloge ; voulez-vous savoir sur quels titres repose la louange, vous verrez l'éloge dégénérer en futiles compliments. Au contraire, si vous rencontrez un savant dégagé de l'esprit mercenaire et des préoccupations de la gloriole ; si vous le voyez, dans l'intérêt de ses études, ne point rechercher ni les honneurs, ni la fortune, mais sacrifier sa propre fortune et dédaigner les honneurs qui lui appartiennent, dites hardiment de celui-là : C'est un homme de travail ; c'est un savant, peut-être dédaigné ou non récompensé ; mais c'est un vrai savant.

Nous avons, dans ce chapitre, à faire l'exposé des travaux de M. Lescuyer, non en forme de panégyrique, mais de démonstration. S'il nous est donné de rendre, par l'analyse, un compte exact de ses efforts, nous aurons motivé la confiance que méritent ses écrits et composé une page à l'honneur du genre humain.

Animé de la plus vive admiration pour le spectacle de la nature, le cœur pénétré d'un profond amour pour l'auteur d'un si merveilleux ouvrage, notre savant s'était donc proposé de découvrir, dans l'organisme des oiseaux et dans les conditions de leur existence, la preuve matérielle de la grande vérité que la religion enseigne et que l'Eglise nous propose. Pour atteindre ce but, il devait premièrement observer. Afin d'observer par lui-même ; de voir, ce qui s'appelle voir ; d'entendre, ce qui s'appelle entendre ; de constater non seulement par les sens, mais par l'écriture, pendant trente ans et plus, Jean-François se tint en faction au milieu de la campagne, sur le bord des eaux ou au fin fond des forêts. Hiver

comme été, la nuit comme le jour, pendant trente ans,
il fut à son poste. Ainsi que le soldat a son costume de
campagne, de même le vaillant ornithologue avait son
costume d'expédition. Si ses observations avaient lieu
de jour, vous le voyiez partir comme un chasseur ordinaire, à cela près que, les trois quarts du temps, il n'avait
pas d'arme. Si ses observations avaient lieu la nuit, après
avoir pris son repas du soir en famille et fait semblant
de se mettre au lit de bonne heure, dès qu'il entendait
son épouse dormir dans la chambre voisine, il s'esquivait
suspenso pede et partait. Les bragards de Saint-Dizier le
voyant partir entre chien et loup, avec une lanterne
sourde et quelques engins et provisions, s'imaginèrent,
plus d'une fois, qu'il allait à l'affût. Mon Dieu, non, il
allait tout simplement observer les oiseaux, une nuit
dans la forêt, la nuit suivante dans la campagne, la
troisième nuit sur le bord des étangs ou dans quelque
cabane de tire-canards. A minuit, il avait parcouru l'espace qui séparait son domicile de son poste et il était aux
aguets. Tranquillement assis au pied d'un chêne, sous
un buisson ou sur la falaise, d'un côté, la lanterne
sourde, de l'autre, le carnet, la lunette, le mètre, le
compas, le crayon, il observait. Au fur et à mesure que
se produisait le phénomène, objet présent de ses observations, il le consignait. Qu'il s'agît du chant des
oiseaux, de la construction des nids, de la nourriture
des petits, de passages ou d'autres faits analogues, la
consignation s'effectuait avec la même exactitude mathématique. La montre consultée indiquait l'heure
exacte; un coup de crayon sur le carnet et le fait avait
sa mention écrite, désormais inoubliable. Cependant,
pour ne pas prêter marge à l'erreur, le même fait n'était
pas l'objet d'une seule et unique constatation; s'il se

présentait des variantes à la seconde épreuve, il y en
avait une troisième, une quatrième, une cinquième, une
sixième, jusqu'à ce qu'on fût arrivé à la certitude ; et si
la certitude parfaite ne pouvait pas s'obtenir, tantôt on
prenait une moyenne qui résumait les observations à un
fait unique ; tantôt les observations parallèles étaient
marquées selon l'ordre empyrique de leur incidence. De
sorte que, dans un cas ou dans l'autre, le fait, objet des
recherches du naturaliste, est toujours constaté et
connu, autant que, humainement parlant, il peut l'être.

Ce qu'un tel homme toujours à son observatoire, toujours attentif, a pu recueillir en trente ans, étonne les
croyances. Son champ d'observation, il est vrai, se cir-
conscrit à la vallée de la Marne ; mais tout ce qui s'y
passe dans le monde des oiseaux, il l'a successivement
observé et constaté. Un carnet, cependant, écrit au crayon,
sur le genou, souvent dans l'obscurité de la nuit, parfois
d'une main glacée par le froid, pourrait prêter à l'équi-
voque et souvent, avec ses signes de grimoire, devenir
inintelligible. Aussi après avoir observé dans tous les
champs ouverts à son zèle, M. Lescuyer ne se contenta
pas de consulter ses hiéroglyphes et de rédiger, sur des
notes volantes, ses ouvrages. Avant d'en venir là, il fit,
si j'ose ainsi dire, comme un vrai chevalier de la science,
sa veillée des armes, et,

Si licet exemplis in parvo grandibus uti,

à l'instar de César et de Napoléon qui voulurent être
eux-mêmes les historiens de leurs exploits militaires,
après toutes ses campagnes, il voulut en écrire le journal. Tous les carnets de notes, nocturnes et diurnes,
sont devenus, sous la plume de notre savant, le journal

général de ses observations. La rédaction est continue,
en style complet et clair, avec sa date et tous les renseignements caractéristiques de l'observation. Ce journal
est un ouvrage, et même un grand ouvrage. Dans l'ordre
de primogéniture, c'est la première œuvre de notre ornithologue de Saint-Dizier, la plus originale, la plus
vaillante, la plus sûre, la plus méritoire ; car jamais peut-
être, depuis que le monde est monde, ornithologue ne
s'est commandé tant de veilles et de fatigues pour arriver,
dans l'intérêt de sa propre instruction, à des résultats si
certains. Et puisque l'histoire admire Pline l'ancien, observateur téméraire de l'éruption du Vésuve, surpris par
la cendre dans sa chambre et asphyxié, mort martyr de
la science, mais sans l'avoir voulu : — elle admirera à
meilleur titre, l'homme courageux, dont la volonté per-
sévérante poursuivit, pendant plus de trente ans, cette
même palme d'un martyre, qu'il n'obtiendra point d'un
seul trépas, mais qu'il devra, je le crains, hélas! suivant
toute apparence, accomplir dans les longues tortures
d'une mort qui durera des années.

Un journal de voyage, coulé en bonne écriture, a son
importance, mais ce n'est encore, malgré tous ses mérites, qu'un préambule à la science. Des faits isolés,
trop décousus, sans relation entre eux, ne deviennent
réellement utiles qu'en prenant leur place dans un ensemble. C'est pourquoi, après les avoir recueillis, notre
savant voulut, pour les utiliser, procéder à un inventaire
en règle, et même à un double, triple et quadruple inventaire. Une première série de cahiers classa les faits en les
rapportant à toutes les généralités de la science : température, nourriture, poids, arrivée, séjour et passage des
oiseaux ; une seconde série les distribua en les rapportant
individuellement à chaque oiseau. En sorte que le journal

général s'est spécifié aujourd'hui et augmenté de deux séries scientifiques : l'une individuelle, l'autre générale. Ces deux œuvres réunies forment, par leur juxtaposition, deux ouvrages différents, mais connexes, ayant ce point commun qu'ils ne sont que la résultante du journal général. Toutes les observations faites sur place, constatées d'une manière irréfragable, sont, par là, actes d'expérimentation, de science et de lumière. Si ces trois séries, journal d'observation, classification générale, classification spéciale, étaient livrées à l'impression, elles assigneraient immédiatement, à leur auteur, parmi les polygraphes, un rang distingué, et parmi les naturalistes, une place d'honneur.

Ce n'est pas tout. Après cette double constatation et classification, notre savant n'a pas cru avoir encore assez fait pour la science. Fort de toutes ses observations expérimentales et analyses scientifiques, il a voulu dresser encore des tableaux relatant tous les faits. A l'extrémité de son jardin, s'élève, dans un angle, une tour carrée, avec frise et corniche, d'apparence semi-féodale, semi-fantaisiste. Dans cette tour, une chambre, et sur les parois de cette chambre, s'étalent, en tapisseries, ces tableaux hauts de plusieurs mètres. Chaque tableau a son objet particulier, nomenclature, classification d'espèces, chants, nids, échelle des pontes, acclimatation, passages, poids des parties principales de l'oiseau. Chaque objet particulier est détaillé par colonnes du haut en bas, coupées par des lignes transversales, avec dates précises de mois et de jour. Sur chaque sujet, l'année ornithologique a son almanach en grandes cartes ; et si toutes ces cartes étaient réunies, elles constitueraient un *Atlas général et spécial d'ornithologie savante*.

A ces travaux d'observation personnelle et de composition laborieuse, notre auteur, voulant procéder toujours suivant le même ordre expérimental, comprit que, pour achever ses expériences, il devait se constituer un cabinet d'histoire naturelle. Ce cabinet existe ; c'est un musée qui attire, chaque jour, la visite de savants étrangers. Pour donner sommairement une idée de ses richesses, je dirai qu'il comprend cinq classes d'objets : 1° Oiseaux empaillés ; 2° nids conservés dans l'état naturel ; 3° collection d'œufs ; 4° squelettes d'oiseaux ; 5° viscères analysés chimiquement.

Les oiseaux empaillés tiennent nécessairement la première place : ils étaient indispensables pour confirmer, par leur présence, les faits découverts par l'observation. Au nombre d'environ cinq cents, ils reposent dans de grandes armoires vitrées. On y trouve à peu près tous les oiseaux de notre vallée, une certaine quantité de poussins, des types d'albinisme, de mélanisme, d'isabellisme, et une grande abondance de variétés. Pour faciliter les études comparatives, on a ajouté, aux oiseaux de notre vallée, des oiseaux de divers genres et de différentes provenances, des mammifères, des poissons, des reptiles, des crustacés, des insectes, notamment deux cents papillons. Toutes ces pièces ont été montées par Petit, l'habile préparateur de Paris ; par la physionomie et les proportions, tous ces oiseaux sont fort remarquables. Les oiseaux sédentaires portent une étiquette blanche ; les oiseaux de passage, une bleue ; les oiseaux étrangers, des inscriptions sur diverses couleurs. Une note courte indique le lieu et le jour où l'animal a été tué, son sexe, son âge, au moins par approximation. Tout cela, on le comprend, a tenu une grande place dans la vie de l'auteur ; mais il était de ceux qui, pour s'instruire, ne savent pas ce que c'est que reculer.

La collection de nids se compose de cent soixante-dix échantillons. La plupart sont curieux; quelques-uns sont de petits prodiges. L'auteur n'en a pas multiplié le nombre; cela était facile; il ne l'a pas cru nécessaire, parce que leur composition vulgaire en rend la présence inutile; il eût d'ailleurs été difficile, en les réunissant au nombre d'environ trois cents, chiffre des oiseaux de la contrée, de leur offrir un logement convenable.

La collection d'œufs s'élève de quinze cents à deux mille; ils remplissent une grande armoire et sont distribués, du haut en bas, dans des tiroirs. Chaque tiroir est partagé par des planchettes longitudinales et transversales; chaque compartiment est plus ou moins long suivant le nombre d'œufs qu'il doit enserrer. Notre savant a cru nécessaire de réunir, pour chaque espèce, plusieurs types, parce que les œufs du même oiseau, non seulement ne se ressemblent pas toujours, mais offrent parfois de sensibles différences. Quant au classement, qui, après le nombre, fait le prix de la collection, il a été fait d'après des informations sûres, d'après l'inspection du nid, la vue des pères et mères, et, à défaut d'autre ressource, par la décision de savants étrangers. L'idée de faire les choses par à peu près ou d'admettre une erreur, n'est jamais entrée dans l'esprit de M. Lescuyer, et, s'il n'a jamais reculé devant la peine, il n'a jamais reculé devant la dépense.

La collection de squelettes ne s'élève qu'à cent vingt; elle se borne aux genres et aux types; elle suffit pour faire connaître l'économie de la statique et du vol des oiseaux. Notre auteur a d'ailleurs, pour son instruction, disséqué un nombre beaucoup plus considérable d'oiseaux. Notre savant a voulu, en outre, compléter sa collection par des dissections et desséchements de becs, de têtes, de sternes, d'humérus, d'œsophages, de fémurs, de plaques cornées de l'estomac, de langues, de pattes, d'ailes, de cous, quand ces pièces affectent une configuration originale et doivent expliquer une particularité importante de l'ornithologie. Si nous jugeons des autres par nous-même, cette adjonction de pièces détachées donne, à la collection des squelettes, un attrait puissant de curiosité.

Les viscères, inventoriés pour déterminer les matières végétales et animales contenues dans les estomacs, atteignent le chiffre de mille. Le résultat de l'expérience est inscrit sur le petit flacon où sont enfermés les résidus. Des procès-verbaux complètent l'opération, en indiquant ce que contenaient les viscères avant l'opération et quels incidents ont pu se produire au cours de l'analyse. D'autres procès-verbaux rapportent la quantité des plumes de l'oiseau, non seulement en gros mais en détail et pour toutes les parties du corps. De manière que tout ce qui peut se conserver de l'oiseau, peau, plumes, muscles, os, viscères, œufs, nids, tout cela se trouve, autant qu'il est humainement possible, dans la collection-Lescuyer. Si les actes conservatoires n'ont pas été poussés plus loin, c'est qu'il y avait impossibilité matérielle ou inutilité sensible. Au fait, en cas d'études à poursuivre, si les matériaux venaient, pour résoudre un problème, à faire défaut, les types vivants continuent à voler dans nos campagnes; il ne faudrait, pour se les procurer, qu'un coup de fusil.

J'ajouterai que, pour étudier plus spécialement le langage et le chant des oiseaux, notre savant, expert en musique, s'est fait construire des diapasons exprès et a formé une collection d'instruments de musique; il en possède cent huit, soixante-quatre en bois, trente-quatre à cordes, dix à soufflerie mécanique ou à percussion.

Avec ces instruments, il a pu déterminer exactement l'élévation et le timbre de la voix des oiseaux, et la ramener à un type connu.

Ce quintuple musée d'oiseaux, de nids, d'œufs, de squelettes, de viscères, si vous le rapprochez des travaux d'information par enquêtes et de leur distribution en divers ouvrages de cabinet, vous permettront de soupçonner, à peu près exactement, par quel noviciat, par quelles études, par quelles épreuves, passa notre savant, pour s'instruire lui-même et préluder, par sa haute instruction, à la composition de ses ouvrages.

En 1878, à l'exposition universelle de Paris, dans la galerie de l'agriculture, les visiteurs en foule admiraient un trophée d'ornithologie. La main des fées avait dressé, au centre de la galerie, cette pyramide triomphale. Son volume, élégamment tapissé de mousses, offrait, dans ses anfractuosités, place à une multitude de nids. Des branches, artistement distribuées, simulaient, autour de cette montagne de mousse, l'abrégé d'une forêt. Dans les nids, des œufs ; sur les branches, des oiseaux. Ce trophée, si intelligent, si sympathique, si beau, fut, dans l'exposition internationale, une grande attraction. En présence de tous les produits de l'industrie humaine, des chefs-d'œuvre de la science, de l'art et du génie, les visiteurs se complaisaient à admirer les œuvres de Dieu. Ces oiseaux si attrayants, ces nids, pleins d'espérance, parlaient à leur âme. Les savants ne s'y arrêtaient pas moins que les hommes du peuple ; et si la voix du peuple est la voix de Dieu, quand elle obtient en plus les suffrages de la science, on peut dire que c'est là le meilleur témoignage. Cependant cette pièce d'exposition n'était qu'un extrait, un résumé du cabinet d'histoire naturelle de notre savant.

Le Capitole n'est qu'à trois pas de la roche Tarpéïenne.
Pendant que les visiteurs admiraient, avec une sympathie
spontanée et unanime, ce trophée d'ornithologie, M. Lescuyer, épuisé par les veilles et les travaux, était atteint au
foyer de la pensée. Un mal soudain, mélange d'apoplexie et
de paralysie, sans mettre ses jours en danger, l'avertissait
que pour les hommes voués aux préoccupations intellectuelles, il ne faut pas trop retarder l'heure de la retraite.
A ce moment, il songeait à l'étude particulière des espèces
volatiles; riche comme il l'était en observations de tous
genres, également précises et neuves, il eût pu certes
accomplir avec fruit un travail de si longue haleine; il
eut dû, probablement aussi, rectifier plus d'une fois les
travaux, un peu trop affirmatifs, parfois à l'aventure, de
ses devanciers. Mais il est écrit que le deuil occupe les
frontières de la joie : *Extrema gaudii luctus occupat;* et que
les œuvres des grands ouvriers restent souvent inache-
vées et suspendues : *Pendent opera interrupta.* A l'heure
où le monde l'admirait, où les savants applaudissaient à
ses écrits, où il voulait tenter, dans la carrière, une plus
grande entreprise, la maladie, interprète silencieuse,
mais éloquente, des cheveux blancs, commandait l'inac-
tion, effet et cause de si vives douleurs. *Solve senescen-
tem :* les païens l'ont dit sur tous les tons; il est superflu
de le rappeler au chrétien. Des regrets d'ici-bas la rési-
gnation chrétienne fait des mérites. D'ailleurs, de tous
les travaux personnels de notre savant, rien ne sera
perdu. Toutes ses pensées, tous ses vœux ont un héri-
tier [1], qui saura bien en conserver la gloire. Et lorsqu'on
garde, sous l'épée de Damoclès, malgré sa santé frêle et

1. Le fils de M. Lescuyer. M. Paul Lescuyer, vice-président du con-
seil de Préfecture de l'Aube, est auteur de *trois* écrits de droit adminis-
tratif, sur les conseils généraux, les bureaux de bienfaisance et le droit

son regard affaibli, un esprit si lucide et une âme si se-
reine, il est impossible de ne pas espérer qu'on prolon-
gera utilement les jours d'un âge mûr qui n'est pas encore la vieillesse. Pour dire toute notre pensée, nous
croyons qu'on pourra graver sur la tombe de notre savant, ces paroles du Psalmiste : *Dum adhuc ordirer, suc-
cidit me.*

de chasse ; l'honorable conseiller de Préfecture, si nous sommes bien
informé, prépare une Géographie du département de l'Aube.

III

LES OISEAUX DANS LES HARMONIES DE LA NATURE

Jusqu'ici nous avons observé l'homme, nous avons pressenti le maître ; nous avons parlé de sa vocation et de ses travaux ; il est temps de venir à ses œuvres.

En définitive, M. Lescuyer n'était, à ses débuts, qu'un humble bourgeois, passé de la convalescence à la chasse, et, de la chasse à l'étude. En consacrant, à des promenades hygiéniques, des loisirs forcés, il avait découvert un moyen d'employer utilement ses loisirs. Combien d'autres sont dans le même cas et pourraient, pour leur bien et pour le nôtre, imiter cet exemple ! L'emploi intelligent de ses loisirs le détourna des préoccupations vulgaires et le défendit contre de plus vulgaires tentations. En examinant bien les choses, il crut entrevoir les harmonies de la nature et se sentit pris d'enthousiasme. Mais, cet enthousiasme, il voulut le raisonner : nous savons par quelles études, par quels travaux, il vint à l'étude savante. Cependant il n'était encore qu'un homme qui s'instruit, non dans des livres, mais par l'observation directe. Ses recherches, ses observations, ses analyses, son musée l'avaient enrichi graduellement d'une multitude d'idées qu'on ne puise pas dans les écrits et qui ne figurent pas dans la circulation. C'était donc, dès lors, un homme instruit, intéressant, agréable; mais sa famille connaissait seule l'emploi de son temps et l'objet propre de ses travaux. Pour le public, toujours un peu prévenu contre la modestie et la discrétion, s'il n'était pas l'objet de la critique, il ne se conciliait pas non plus toutes les sympathies : les uns le croyaient timide; d'autres le taxaient d'originalité, — ce qui est, paraît-il, un vice très grave; — plusieurs même n'étaient pas loin de le prendre pour un affûteur rusé qui savait s'y prendre sans se faire jamais prendre. La vérité est que notre homme ne faisait plus de la chasse qu'un prétexte à promenade; il avait à peu près renoncé à l'emploi du fusil; c'est sur le marché qu'il faisait ses exploits et n'abattait plus d'oiseaux qu'avec des balles d'argent. Cela durait ainsi, depuis tantôt quinze ans, quand un incident vint offrir à notre savant l'occasion d'écrire. Ce n'est point flatterie de dire qu'il y était dès longtemps préparé ; peut-être, dans son intérieur, le croyait-il nécessaire ; mais il fallait qu'une bonne occasion vînt faire violence à sa réserve, à mon gré, trop humble, et lui mît, comme on dit, la plume à la main.

En 1864, se tenait à Troyes, sous la présidence d'Arcisse de Caumont, la session annuelle du Congrès scientifique de France. Notre savant s'y trouva par hasard un peu en curieux, mais plus en disciple qu'en maître : son humilité ne lui permettait pas de croire qu'il pût être jamais un oracle. Arcisse de Caumont était un homme de grande initiative et un puissant remorqueur : il se connaissait en hommes; il savait les révéler eux-mêmes à eux-mêmes, les éperonner, les lancer. Après plusieurs

entretiens, à brûle-pourpoint, il dit à notre savant :
« Vous avez, sur l'oiseau, des idées aussi originales que
vraies ; elles acquièrent, par vos théories, un degré de
magnifique évidence. J'estime que vous pouvez rendre
de grands services ; je vous en conjure : écrivez. »

L'ornithologue arrivait à quarante-quatre ans : c'est
un peu tard pour écrire ; mais on peut dire qu'il écrivait
depuis vingt ans, et si quelque chose peut étonner ici,
ce n'est pas qu'il s'adresse au public, si tard, mais qu'il
ne l'ait pas fait plus tôt. En 1865, M. Lescuyer se mit
donc résolument à la composition de son premier ouvrage, qu'il publia bientôt sous le titre qui sert d'en-tête
à ce chapitre : *Les oiseaux dans les harmonies de la nature.*

Cet ouvrage, dont la seconde édition parut en 1878,
forme un volume in-8° de 218 pages : il traite des oiseaux
en général. Ceux qui ont lu le discours de Buffon sur
la nature des oiseaux, savent combien ce discours est
frivole. Contemporain de Condillac et un peu son disciple, il parle des oiseaux, comme il a parlé de l'homme,
en ramenant tout aux sens. En trente pages, il vous explique que les sens sont les forces motrices de l'instinct
et qu'ils affectent, dans l'oiseau, tels ou tels caractères ;
il entremêle ces explications des petites miévreries et
des grosses polissonneries qui, au xviiie siècle, étaient la
raison d'être de la science et, près des grands, formaient
son attrait. C'est tout, et on passe à l'aigle ; puis, quatre
gros volumes durant, le gentilhomme de Montbard, non
sans user force manchettes, vous décrit pompeusement
tous les oiseaux, jusque et y compris le roitelet et l'oi-
seau-mouche.

Je n'établirai pas, sur ce point, entre M. Lescuyer et
Buffon, un parallèle qui serait, du reste, tout à l'avan-

tage du premier. Je note seulement que là où le gentilhomme bourguignon n'a pu aligner que trente pages, le
petit bourgeois de Champagne en a composé mille. La
conséquence qui s'en déduit, c'est que notre savant a
mis en culture des champs inexplorés ; c'est qu'il a pro-
mené sa charrue en des régions où ni Buffon, ni Cuvier,
ni Geoffroy Saint-Hilaire n'avaient soupçonné champs à
semailles ou matières à récoltes. C'est ce qui constitue
son originalité dans la science et fera sa personnalité
dans l'histoire.

Buffon s'était cantonné dans l'oiseau ; Lescuyer prend
son sujet au point de vue universel. « Tout se tient dans
la nature, dit-il à son début. Il n'est pas un atome qui
ne se rattache au reste de l'univers, par des liens que les
savants ont su découvrir en grande partie. Pour connaître complètement le moindre objet, il faut donc l'étudier, non seulement *en lui-même*, mais encore *dans ses
causes* et *dans ses effets* principaux, *dans les forces dont
il est l'expression* et qui le rattachent à l'unité terres-
tre. »

En se plaçant à ce point de vue élevé et souveraine-
ment scientifique, notre savant se donne pour tâche
principale de déterminer la *fonction* de l'oiseau dans la
nature ; Buffon, Guéneau de Montbéliard et Lacépède
avaient fait des collections et des descriptions ; Daubenton, des dissections d'anatomie ; Cuvier, des classifications d'espèces ; Geoffroy Saint-Hilaire avait abordé les généralités philosophiques, la chaîne des êtres, l'unité de
structure et d'autres questions problématiques. Lescuyer
veut, lui, déterminer la fonction de l'oiseau ; il prononce,
le premier, le nom qui l'exprime et la loi qui en formule
les actes : l'élimination.

« Le créateur, dit-il, pour assurer l'intégralité, la perpé-

tuité et le complet développement des différentes espèces
de plantes réparties à la surface du globe, leur a donné une
force de reproduction très considérable, mais qui avait
besoin d'être modérée et régularisée par le moyen puissant de l'élimination.

» Comment devait s'opérer ce genre de destruction?

» Pour l'élimination aussi bien que pour la production,
Dieu ne devait demander à l'homme que des efforts très
limités, proportionnés à sa faiblesse.

» Il était donc naturel que des forces telles que la lumière et l'obscurité, la chaleur et le froid, la sécheresse et
l'humidité, qui étaient déjà nécessaires à la constitution
de notre planète, l'organisme humain et à la production
végétale, fussent également utilisées dans une certaine
mesure pour les éliminations.

» Mais ces forces n'opèrent que sur de grandes éten-
dues et sur la généralité des espèces et non sur un point
restreint de la terre, sur une seule plante ou sur l'un de
ses organes. De plus elles concourent avant tout et
presque toujours à la production des plantes d'une région par une action qui est limitée dans sa moyenne et
dans ses extrêmes. Ce n'est qu'en dépassant un peu ex-
ceptionnellement et de loin en loin les limites de cette
action qu'elles éliminent les végétaux les moins vigoureux.

» Remarquons encore qu'une plante qui, dans certaines
circonstances, est frappée de mort, n'est décomposée que
plus tard et avec le concours d'autres forces. Ainsi l'arbuste gelé n'est réduit en poussière qu'en un temps très
variable et par l'action alternative de la sécheresse et de
l'humidité.

» On s'explique donc que, par des agents atmosphériques, on n'arrive qu'à certaines spécialités d'élimination,

les éliminations régionales et par intermittences des plantes les moins vigoureuses de toutes les espèces.

» Les coups de vent, en renversant les arbres qui ne sont pas bien enracinés ou bien équilibrés, n'ont également qu'une spécialité d'élimination.

» Il a encore été donné aux végétaux les plus résistants d'accaparer autour d'eux le suc du sol, la lumière, et ainsi d'éliminer les plantes les moins vigoureuses qui sont à leur proximité, mais cette force de destruction n'opère que dans un voisinage restreint et même elle ne s'attaque pas ordinairement à telle ou telle partie d'une plante voisine. Elle n'atteint pas certains arbres, par exemple le sapin des Vosges, qui vit très longtemps sous le couvert.

» Souvent elle réduit une plante seulement à l'état de chétiveté, et, quand elle la fait mourir, elle ne la décompose pas.

» Il fallait donc certains auxiliaires capables d'opérer partout, toujours, dans le plus petit détail, quelquefois aussi d'une manière plus générale, les destructions nécessaires des plantes ou parties de plantes surabondantes, maladives ou mortes, épargnées totalement ou partiellement par les agents atmosphériques et par les plantes absorbantes.

» La création des animaux a rendu possible ce genre d'élimination.

» Très petits, ils opèrent sur un champ très restreint.

» Ils se déplacent d'eux-mêmes, et ainsi il leur est possible de chercher et de choisir la plante qu'il importe d'éliminer.

» Au lieu de la faire simplement mourir en la privant d'un élément principal de la vie, par exemple de la chaleur, de la nourriture, l'animal la mange. Ainsi et tout à la fois il la détruit, la décompose et la déplace.

» L'éliminateur animal n'est organisé et surtout outillé que pour manger telle ou telle plante, telle ou telle partie de plante, en sorte que pour vivre, il se sent obligé de pratiquer cette destruction.

» Son élimination est donc limitée à son appétit et ainsi à sa grosseur; mais, si sous ce rapport elle se trouve diminuée, elle est d'autant plus énergique qu'elle est spéciale et qu'elle se concentre sur le même point.

» La vie de l'éliminateur animal est naturellement plus facile quand la nourriture abonde. Par cela même, il se porte là où il a surabondance, et ainsi il rend son élimination d'autant plus profitable à nos intérêts.

» Sa multiplication est plus ou moins limitée, selon que ses éliminations doivent être plus ou moins considérables.

» Assurément l'éliminateur animal est porté par des instincts presque irrésistibles, comme ceux de la multiplication et de la migration, à accomplir sa tâche; cependant, soit par quelques déviations volontaires, soit par la force de certaines circonstances, ses éliminations pouvaient être exagérées et lui-même, comme les plantes, et dans des circonstances analogues, il a été soumis à des éliminateurs animaux plus rapides et plus forts que lui.

» Il y a quelquefois des séries de quatre, cinq, six éspèces et plus qui se surveillent.

» Les plus forts sont atteints, soit en eux-mêmes par de plus petits, qui pour cela se réunissent, soit surtout dans leurs jeunes, quand ceux-ci sont un instant laissés seuls.

» D'ailleurs, comme les plantes, les animaux, et surtout les plus faibles, sont soumis aux éliminations que pratiquent la chaleur et le froid, la sécheresse et l'humidité.

» Et, de plus, ils sont encore réduits par l'épidémie et par la famine.

» Aussi les éliminations les plus variées sont assurées, et l'équilibre nécessaire de la production et de l'élimination n'est jamais rompu pour longtemps.

» L'éliminateur animal n'est donc nuisible que lorsqu'il est surabondant, et il n'est jamais longtemps surabondant et nuisible, quand l'homme n'intervient pas pour rompre tout équilibre.

» Or, si nous étudions attentivement l'oiseau, si nous le surprenons quand il mange, si, quand il est tué, nous déterminons les matières végétales et animales qui sont contenues dans l'estomac, si nous examinons l'organisme spécial de chacune de ses espèces, nous voyons qu'il intervient à tous les étages des éliminations pratiquées par les animaux, non seulement comme éliminateur végétalivore et surtout animalivore, mais encore comme régulateur de l'élimination.

» En effet, l'animal le plus capable d'opérer la destruction en détail, c'est-à-dire l'élimination par excellence, parce qu'il est le plus petit de tous, et de la généraliser, parce qu'il est d'une très grande fécondité, c'est l'insecte. Or l'oiseau, grâce à la pointe très aiguë de son bec, peut, comme l'insecte, chercher, trouver et prendre les graines et les animaux presque imperceptibles. Il a l'avantage d'être plus gros que l'insecte, sans néanmoins atteindre les proportions des animaux comme le mouton, la vache, le loup ; et il faut remarquer ici que, soit dans tout l'univers soit dans chacune de ses régions, les petits oiseaux sont beaucoup plus nombreux que ceux de moyenne et de

grande taille. Les becs indiquent aussi par leurs variétés
que, dans la plupart des circonstances, les oiseaux sont
capables d'accomplir des travaux analogues à ceux de
l'insecte. Les variétés de pattes donnent encore les mêmes
indications.

» De plus l'oiseau est bipède comme l'homme et, par
suite, il voit de haut et loin. Il possède une vue extrême-
ment perçante.

» Non seulement il marche, saute et court extrême-
ment vite, mais encore il est le seul qui ait le privilège
de voler et ainsi de voir de très haut, de se transporter
partout, très souvent, très vite et très loin, malgré tous
les obstacles.

» Sous ces divers rapports il apparaît donc non seulement comme un éliminateur, mais encore comme un
merveilleux régulateur de l'élimination. Aussi, et malgré
sa petitesse, il accomplit des actes d'une grande valeur. »

Cette longue citation fait connaître l'idée même de
notre auteur et son style, personnel comme sa pensée.
C'est à cette pensée génératrice qu'il ramènera tous ses
écrits, particulièrement celui qui nous occupe. Après
avoir, en quatre-vingts pages, exposé scientifiquement la
grande loi de l'élimination, énuméré ses agents et découvert ses effets, il vient à l'oiseau qu'il étudie d'abord
dans son individualité générique, pour montrer que les
oiseaux sont les régulateurs de l'élimination et, par suite,
pour la production, des agents essentiels il considère successivement la grosseur respective de l'oiseau ; ses éléments constitutifs, muscles et charpente osseuse ; ses
appareils d'élimination proprement dite, cou, tête et bec ;
ses appareils de locomotion, ailes, pattes, ballons intérieurs ; son enveloppe, peau et plume ; ses sens et ins-

tincts. Par cette analyse géométrique de l'organisme avi-
culaire, il arrive, avec une victorieuse évidence, à son
Quod erat demonstrandum.

On avait fait, longtemps avant lui, l'anatomie *physiolo-
gique* de l'oiseau, mais on ne l'avait pas encore subor-
donnée, avec cette précision savante, à la destination des
volatiles. Ce concept jette, sur l'étude de l'oiseau, une
nouvelle et abondante lumière.

De l'analyse de l'oiseau, pris dans sa généralité consti-
tutionnelle, notre auteur passe à l'étude des espèces et
des groupes. Fidèle à lui-même et ne perdant pas un
instant de vue son point de départ, il examine successivement, au point de vue de l'élimination, les genres, les
espèces, les groupes et les familles. Puis, pour préciser
davantage encore, il distingue les oiseaux en végétalivores et animalivores ; oiseaux de plaine, de bois, d'eau
et d'habitation ; oiseaux sédentaires et oiseaux de passage ; oiseaux communs ou rares ; oiseaux utiles et oiseaux nuisibles. Sur chaque catégorie, il poursuit sa recherche de leur rôle éliminateur. Afin de pousser plus
avant sa démonstration et d'enlever, si j'ose ainsi dire,
les convictions d'assaut, il pose successivement ces différentes thèses :

1° L'acclimatation, la naturalisation et la domestication
des oiseaux sauvages sont pour nous une source de bienfaits.

2° Certains végétalivores sont d'utiles semeurs, de
même que les oiseaux aquatiques sont quelquefois des
agents utiles pour l'empoissonnement des eaux.

3° Certains animalivores se rendent utiles en accélé-
rant la décomposition des matières qui corrompent l'air
et l'eau.

4° Les oiseaux fournissent à la terre un engrais.

5° Les oiseaux nous convient aux enseignements et aux nobles joies que l'on trouve dans les contemplations du beau.

Je cite, sur cette dernière thèse, la page qui clot la démonstration ; on verra, par cette citation, si notre auteur sait quand il le veut, écrire :

« Quels attraits, dit-il, n'ont pas la sollicitude de la couveuse, de la mère pour ses petits, les touchantes unions de presque toutes nos espèces, les affectueuses démonstrations de l'oiseau apprivoisé, la majesté de l'aigle, la noble gravité du duc, la magnificence du paon, l'aimable pétulance des passereaux, la grâce de la fauvette, l'élégance de la bergeronnette, le vol ondulé de l'hirondelle, la course légère et rapide du chevalier, l'imposante navigation du cygne, les nuances variées des plumages, les riches livrées du printemps, le blanc lustré du grèbe, les éclatantes couleurs du chardonneret, le plastron pourpré du bouvreuil, le manteau vert du martin-pêcheur, la robe dorée du loriot, la couronne du roitelet, l'hymne de l'alouette, le chant éclatant du serin, du chardonneret et de la linotte, l'air brillant de la grive, les sons de voix filés, et les douces mélodies de la fauvette, le chant si varié, si harmonieux et si étendu du rossignol, l'intéressante construction des nids, la légèreté et la grâce de ces berceaux, le riche coloris de l'œuf !

» A combien d'agréables rêveries n'ont pas donné lieu tous ces joyaux de la nature ! Partout et toujours, ils ont surexcité l'imagination des poètes et des peuples. Il en est résulté, pour l'histoire naturelle une surcharge de contes fantastiques. De là, entre autres, l'invention du Phénix, qui renaissait de ses cendres, de la Harpie, qui avait une belle tête de femme et un corps d'oiseau.

» La science héraldique a aussi trouvé que les oiseaux,

malgré leurs variétés, ne suffisaient pas aux nécessités de son langage; elle les a modifiés et même défigurés de telle sorte, qu'il faut les étudier souvent plus dans l'histoire du blason, que dans l'histoire naturelle.

» Assurément donc l'oiseau est bien admirable, et cependant il n'a que l'ombre de la liberté; il est comme un simple, mais magnifique instrument entre les mains de Dieu.

» Le rossignol chante toujours le même air; toujours les chardonnerets ont fait le même nid; les migrations doubles et périodiques de chaque année n'ont pas changé d'une manière sensible.

» L'étude de l'oiseau nous mène donc directement à Dieu, et son vol rapide dans les hautes régions de l'air attire notre regard et nos pensées vers le ciel. Cet être si admirable est tout à la fois un artiste et un professeur; si Dieu n'avait pas voulu qu'il en fût ainsi, il aurait pu lui donner le mutisme de l'insecte et la laideur de la chauve-souris.

» L'oiseau a donc été créé pour nous convier aux joies de l'esprit et du cœur, pour exciter notre foi et nos espérances, en développant le sentiment du beau, du vrai et du bien [1]. »

Au terme de ces démonstrations, notre savant pose des conclusions pratiques :

1° Nous avons le droit de détruire les oiseaux nuisibles, mais dans des proportions telles que leurs espèces soient réduites, à la juste mesure où elles sont utiles, sans être vouées à la destruction.

2° Nous avons le droit de tuer les oiseaux même utiles, quand ils sont nécessaires à notre existence, mais il

---

1. *Les oiseaux dans les harmonies de la nature*, p. 170.

faut en limiter, suivant les circonstances et les besoins, la destruction, et diminuer autant que possible les souffrances de nos victimes.

3° Le droit de tuer n'existe plus, quand la chair de l'oiseau est mauvaise ; quand, étant de bonne qualité, elle est d'un poids insignifiant; quand la chair ayant plus d'importance comme qualité et comme poids, la mort de l'oiseau qui la fournit nous prive d'importants services.

Il en résulte que nous devons épargner entièrement ou presque complètement les oiseaux de petite taille, ceux qui, comme ouvriers ou artistes, se recommandent le plus par leur utilité.

La déstruction des oiseaux-gibier doit s'effectuer elle-même de manière à maintenir l'équilibre des races, sinon à procurer leur accroissement.

4° Non seulement notre droit de tuer les oiseaux-serviteurs et les oiseaux-gibier a ses limites ; mais il est de notre devoir de favoriser, par tous les moyens possibles, leur multiplication. On voit aujourd'hui moins d'oiseaux et plus d'insectes. Si nous continuons de détruire étourdiment et de nous livrer, avec une espèce de rage, à l'anéantissement des oiseaux, nous ouvrons la porte aux fléaux et aux catastrophes.

Tel est, en bref, la doctrine de cet ouvrage. Bien que l'auteur fût inconnu, qu'il partît de province, d'une toute petite ville qui n'était alors qu'un grand village, sans se faire annoncer par les trompettes de la renommée, le succès fut complet. Les maîtres de la science et de la foi acclamèrent, d'un commun accord, et l'auteur et son livre. On loua, dans l'auteur, l'étendue de ses connaissances, la sûreté de ses informations, la résolution de sa conduite ; on loua, dans le livre, ses analyses

curieuses, ses thèses irréfutables et surtout sa nouvelle
et belle théorie. « Si étranger que je sois à l'ornithologie,
écrivait **M. de Caumont**, j'ai été frappé d'abord de ce que
votre théorie de l'élimination a de nouveau, d'original et
de vrai, et j'ai lu et relu avec infiniment de plaisir tout
ce que vous dites de l'oiseau. Je m'applaudis donc toujours d'avoir provoqué la publication de vos travaux et
je ne doute point qu'ils ne soient *fort utiles à la science
et à la société*. Votre œuvre est accueillie par tout le
monde avec l'intérêt qu'elle mérite et aux approbations
si honorables que vous avez déjà reçues, je suis heureux
d'ajouter mes très sincères félicitations. » — Le doyen
de la Faculté des sciences de Nancy, le savant auteur de
la *Flore* et de la *Zoologie* de la Lorraine, Godron écrivait
également : « C'est avec une satisfaction bien vive, que
j'ai lu les travaux que vous avez publiés jusqu'ici sur les
oiseaux. Les observations *personnelles, si nombreuses et si
variées*, que vous avez faites avec autant de *patience* que de
sagacité sur ces intéressants volatiles, sur leurs mœurs,
leurs habitudes et spécialement sur le rôle providentiel
qu'ils remplissent, vous ont conduit à établir la théorie
de l'élimination, judicieusement déduite des faits que
vous avez constatés. Ainsi vous nous avez initiés à beaucoup de faits intéressants, les *uns complètement nouveaux*, d'autres *jusqu'ici imparfaitement observés;* vous
avez exposé clairement les doctrines vraies et, j'aime à
le croire, vous venez d'élever à la science *un monument
aussi durable qu'original.* »

Les sociétés savantes ont, dans l'examen des livres,
une particulière autorité. D'abord elles ne voient venir
qu'avec une certaine jalousie, ce qui se produit de vraiment supérieur en dehors de leur sein; ensuite, pour
juger, elles ne se bornent pas à une simple lecture; mais

elles procèdent par rapports, discussions contradictoires
et pour qu'elles adoptent des conclusions, il leur faut de
puissants motifs. Voici cependant comment parlent un
comice agricole et des sociétés savantes. Le député
Ponsard, président du comice départemental de la Marne,
homme également connu et apprécié pour l'honorabilité
de son caractère et la spécialité de sa compétence, écrit :
« L'idée-mère que vous avez trouvée en dehors des sentiers battus et exposée avec autant de clarté que de développement, permet, au premier observateur venu, de
comprendre et de résoudre les questions qui se rattachent à l'utilité et à la sensibilité des insectes et des oiseaux. Je remarque avec plaisir que, depuis vos publications, les auteurs ont recours aux noms et aux arguments
que vous avez créés, et qu'ils commencent à parler d'*élimination* et d'*éliminateurs*. Mais si vous avez le mérite
d'enrichir la science d'une nouvelle théorie et notre dictionnaire français d'une acception de mots dont nous
avions absolument besoin, je suis bien plus touché du
côté essentiellement pratique de vos principes et du bien
qu'ils peuvent faire à l'agriculture et à nos campagnes.
Je viens donc une fois de plus vous crier courage ! » —
« La thèse soutenue par M. Lescuyer, dit le secrétaire
de la Société protectrice des animaux, M. Arnoult, est
que la destruction inintelligente et illimitée des oiseaux
détruit l'équilibre, parmi les espèces animales, dont le
trop plein doit disparaître par voie d'élimination, en
vertu de l'antagonisme des êtres. C'est un système *admirable et simple*. C'est par l'étude et l'exposé des faits
que M. Lescuyer initie le lecteur à l'œuvre du Créateur.
Nulle sensiblerie, mais une *grande élévation* d'idées et
une incontestable *perspicacité scientifique*, jointes à une
très réelle érudition : telles sont les qualités que l'auteur

met au service d'un travail dont la conclusion est que l'oiseau doit être protégé. Ce livre fourmille de documents précieux. » — Enfin, le directeur du Jardin d'acclimatation, Geoffroy Saint-Hilaire, parlant des travaux de notre ornithologue : « Ces travaux, dit-il, ont attiré l'attention de la société. Les études faites comme celles de M. Lescuyer sont des *guides précieux* pour combattre les espèces nuisibles ou pour protéger celles qui profitent à l'agriculture. » Cette appréciation, consignée dans un rapport, est un peu courte, insuffisante et même injuste ; mais elle vaut autant par ce qu'elle ne dit pas que par ce qu'elle dit. Nous ne nous étonnerons point de sa brièveté significative ; elle vient de l'administrateur du Muséum, où devraient s'effectuer de tels travaux, mais où il ne se fait plus rien, que d'épousseter les œuvres des créateurs de la science.

L'Eglise, sympathique à tous les travaux de l'esprit, plus favorable encore aux études vraiment profondes et utiles, devait dire son mot d'estime et d'encouragement. « La science et les observations dont votre ouvrage témoigne, écrit Mgr Meignan, évêque de Châlons, vous vaudront de justes éloges de la part des naturalistes ; pour moi, je tiens surtout à vous dire combien la manière chrétienne avec laquelle vous traitez votre aimable sujet m'a satisfait : la science n'y perd rien et l'amour de Dieu y gagne beaucoup ; c'est, en effet, faire aimer Dieu que de faire connaître sa sagesse, sa providence, sa sollicitude pour ses créatures et principalement pour nous. » L'évêque de Poitiers, Louis-Edouard Pie, depuis cardinal, un si grand juge, écrit : « Vos intéressantes études sur l'ornithologie mettent en relief une des plus belles pages du grand livre de la création ; aussi elles pourront et devront produire de très heureux fruits. »

Enfin l'archevêque de Bordeaux, cardinal Donnet, qu'on est sûr de rencontrer toutes les fois qu'il a un mérite à mettre en honneur et un bon livre à préconiser, écrivait : « Rien de plus gracieux et en même temps de plus original que vos études sur l'oiseau. Ce rôle providentiel d'éliminateur, que vous décrivez si bien, suffirait à lui seul pour mériter, à vos aimables clients, la sympathie des cultivateurs et le respect des braconniers. Puissent les exemplaires de vos ouvrages se répandre par millions dans les campagnes ! Mon vœu est d'autant plus sincère que je considère comme un des bonheurs de ma vie d'avoir été si souvent appelé à défendre cette cause dans nos comices agricoles et même devant les premiers corps politiques de l'Etat [1]. »

Bien que notre savant ne procédât que de sa propre initiative, on voit que les approbations ne lui manquaient pas ; les succès ne lui manquèrent pas plus que les approbations. Le ministère de l'agriculture l'honora d'une souscription ; et sept médailles d'argent, de vermeil et d'or lui furent, dans le court espace de quatre ans, décernées par la Société protectrice des animaux, par la Société d'acclimatation, par la Société centrale d'insectologie, par le Concours régional de Reims et la Société centrale d'agriculture.

Au terme du temps rigoureusement nécessaire à sa diffusion, ce premier volume sur les oiseaux avait donc obtenu tous les succès et remporté tous les suffrages.

---

1. Nous croyons savoir que M. Lescuyer a reçu un très grand nombre de lettres approbatives, lettres de savants, d'administrateurs, d'hommes politiques et d'évêques. La modestie de l'auteur n'a laissé parvenir à la connaissance du public que ce peu que nous en reproduisons ; un sentiment de respect ne nous a pas permis d'en rechercher davantage.

IV

L'ARCHITECTURE DES NIDS

Lorsque vous avez étudié l'oiseau d'une manière générale, la première question qui se présente agréablement à votre esprit, c'est la pensée du nid qui lui sert de berceau. Un nid d'oiseau... quel merveilleux chef-d'œuvre ! et que la Providence est aimable d'avoir créé de si habiles ouvriers pour de si charmantes constructions. On ne peut contempler, sans être attendri, cette bonté divine qui donne l'instruction au faible et la prévoyance à l'insouciant.

Aussitôt que les arbres ont développé leur feuillage, mille ouvriers commencent leurs travaux. Ceux-ci portent de longues pailles dans le trou d'un vieux mur ; ceux-là maçonnent des bâtiments aux fenêtres d'une église, d'autres dérobent un crin à une cavale ou le brin de laine que la brebis a laissé suspendu à la ronce. Il y a des bûcherons qui croisent des branches dans la cime d'un arbre ; il y a des filandières qui recueillent la soie sur un chardon. Mille palais s'élèvent et chaque palais est un nid. Comme ces brins d'herbe, ces plumes, ces pailles légères sont tressés avec art! comme on a su crépir, polisser et raboucher ces branches de fagot. Imagine-t-on un oreiller plus doux que le duvet, la plume ou la paille qui tapisse le nid? Puis, quel soin, quelle sollicitude, pour que cette maison fragile soit posée en lieu sûr. La cime d'un arbre qui se perd dans les nues, une branche volante recourbée à son extrémité, l'épais feuillage au fond des bois, le coin obscur d'une maison isolée, un trou en terre, c'est l'emplacement que l'oiseau choisit. Mais dès qu'il a achevé son ouvrage, il se considère en toute vérité comme dans sa maison. Il a pris possession de sa demeure; il va devenir le chef d'une nouvelle famille. C'est, direz-vous, une bien faible assise que cet établissement aérien! et cependant la Sainte-Écriture le cite très sagement à l'homme pour lui donner une utile leçon : « Quelle confiance aura-t-on, dit-elle, dans l'homme qui n'a pas même un nid. » Il faut qu'à un jour donné, l'homme aussi sache fixer sa vie, et qu'il se présente avec honneur là où Dieu lui a créé des devoirs.

Mais si modeste que soit le nid de l'oiseau, il y abrite tout son bonheur. Il ne le quitte que par instant, il y revient toujours avec joie. La femelle y dépose ses œufs : avec quel soin, avec quelle tendresse, elle les couve et les réchauffe. L'œuf de l'oiseau est un doux symbole, car il signifie espérance. Qui de nous, dans le nid où la Providence l'a placé, n'a pas échauffé de son haleine l'œuf où dort son meilleur espoir? Prenons garde cependant. Nos espérances seront vaines si elles n'ont pour objet que les biens périssables !

Le nid voit des métamorphoses charmantes; de l'œuf brillant sort un petit couvert de duvet. Ce nourrisson prend des plumes; sa mère lui apprend à se poser sur sa couche. Bientôt il va jusqu'à se percher sur le bord de son berceau, d'où il jette un premier coup d'œil sur la nature. Effrayé et ravi, il se précipite parmi ses frères, qui n'ont point encore vu ce spectacle ; mais rappelé par la voix de ses parents, il sort une seconde fois de sa couche, et ce jeune roi des airs, qui porte encore la couronne de l'enfance, ose déjà contempler le vaste ciel, la cime ondoyante des pins et les abîmes de verdure au-dessous du chêne paternel. Mon Dieu ! ce premier vol de l'oiseau n'est-il pas le symbole de l'homme, l'emblème de son éducation, le souvenir des périls qui l'attendent et la marque du devoir qui le presse, pour éviter les abîmes, de voler toujours vers les cieux ?

Je m'oublie, comme tant d'autres, on me le pardonnera. Mais je dois venir à un livre savant qui traite du nid et des œufs d'une manière absolument philosophique. L'*architecture des nids* est, dans l'ordre logique et historique, le second ouvrage de M. Lescuyer ; volume in-8° de 182 pages.

La vie animale n'est possible qu'au moyen d'une chaleur corporelle, dont les degrés varient suivant les espèces. La reproduction des espèces doit nécessairement subir cette loi. Pour les insectes, les crustacés, les mollusques, les poissons, les amphibies dont la température est plus basse, leurs œufs peuvent éclore dans l'eau ou sur la terre ; pour les mammifères dont la température est analogue, à celle de l'homme, ils peuvent se reproduire par gestation ; pour les oiseaux dont le corps est très étroit, la vie très agitée, la température très forte, ils ne sauraient porter des petits dans leurs entrailles. De là cette combinaison merveilleuse : 1° Des œufs pondus successivement contenant un germe et sa nourriture qui trouvent, au contact d'une chaude poitrine, la

chaleur dont ils ont besoin pour éclore ; 2° des petits ré-
chauffés de la même façon, jusqu'à ce qu'ils aient atteint
leur complet développement ; 3° un nid capitonné au
moyen duquel se produisent ces diverses évolutions. Les
oiseaux ne négligent le capitonnage du nid que quand
leurs petits n'en ont pas besoin.

L'établissement du nid s'effectue au centre des éliminations à réaliser sur la terre, sur l'eau, sur les arbres
et sur les constructions qui s'élèvent au-dessus du sol.
L'abondance ou la pénurie de la nourriture, la puissance
ou la faiblesse du vol sont les principales causes de l'établissement, de l'agglomération ou de la dissémination des
nids. En général, c'est l'oiseau qui construit son propre
nid. L'avance ou le retard de la ponte et du couvage dépen-
dent entièrement de la présence ou de l'absence des êtres
dont les petits doivent activer l'élimination. L'instinct
de l'oiseau ne le trompe pas ; il appelle ses petits à
l'œuvre, quand leur concours est indispensable.

Ces points posés et énucléés dans la diatonique de son
premier ouvrage, notre savant dresse, sur une grande
échelle, la statistique de la nidification dans la Haute-
Marne. De mars à août, il donne, suivant l'ordre des
mois et la succcession des jours, la date exacte des
pontes pour les passereaux, les échassiers, les gallina-
cécs, les palmipèdes et les oiseaux de proie. L'avantage
de ce tableau n'échappera à personne ; c'est l'une des
plus intéressantes créations de notre auteur. Si vous
supputez la quantité de travail nécessaire à la pose de
ces chiffres si positifs et tous fondés sur l'observation
personnelle, vous vous étonnerez qu'il y ait des gens assez
braves pour tenter une si difficile entreprise.

Ces généralités établies, notre auteur vient à l'étude
de la construction des nids, à leur architecture. Et d'a-

bord il se demande quels avantages doit offrir ce nid sous le double rapport de la sécurité et de la solidité. Pour la sécurité, il ne doit être exposé ni aux intempéries des saisons, ni aux attaques de l'ennemi; or, en passant en revue les nids, on les trouve munis de paravents, de parapluie, d'écran, d'avenue, de corridor, d'antichambre, de toits, de tous les appareils de la fortification. Pour en assurer la solidité, l'oiseau le munit d'attaches, calcule exactement la résistance et l'épaisseur du fond et des parois, amalgame avec art les principaux éléments pour les nids, dispose les revêtements intérieurs et extérieurs, enfin pose une verticale d'axe, dessine un cube intérieur, ménage une forme externe qui répondent à tous ses besoins. « Par des applications très variées de toutes les règles de l'architecture, le nid est assez solide pour résister aux coups de vent, au choc d'une branche voisine, pour servir de retranchement, de bouclier ou de cachette à la mère, de balustrade, de garde-fou aux jeunes oiseaux, que l'impatience précipiterait dehors, de perchoir au moment des départs et des arrivées. C'est le foyer domestique, avec ce qui est utile et agréable aux oiseaux, et ce qui peut assurer leur reproduction annuelle [1]. »

Pour construire, les oiseaux se servent des pieds, de la poitrine et surtout du bec. Quelques-uns ont, pour coller, une salive visqueuse. C'est ordinairement la femelle qui amasse les matériaux et les coordonne. Dans quelques espèces seulement, le mâle l'aide à construire. La préparation des matériaux exige un grand discernement. « Assurément, dit notre auteur, il y a, pour l'oiseau, un grand mérite à chercher, à trouver tous les matériaux

____

[1]. *Architecture des nids*, p. 58.

nécessaires, les pièces principales du fond, des parois, des revêtements, et ce qui sert à les liaisonner, ensuite à les transporter, à les assembler, et à faire en cela ce qui est possible, utile et agréable à son espèce; mais le constructeur se révèle surtout avec la supériorité de ses instincts, quand il applique si parfaitement quelques règles principales de l'architecture; ces difficultés ne semblent pas lui causer de grands soucis.

» D'abord, pour commencer son travail, entreprendre les fondations dont dépend le succès de l'entreprise, il est obligé de se livrer à tous les calculs que peut lui suggérer sa petite tête; cependant la buse, la tourterelle, la rousserolle-turdoïde, les hirondelles d'étang, l'hirondelle de fenêtre, le troglodyte, la pie et le pic, oiseaux dont la tâche est des plus difficiles, commencent leur nid avec tant d'entrain et d'habileté, qu'ils ne semblent nullement effrayés des obstacles.

» Pour la verticale, voici ce qui se passe. Le plus souvent l'oiseau est au centre de sa construction, il lui suffit de la monter perpendiculairement à son corps; comme il a autant d'intelligence que de coup d'œil, il ne lui arrive jamais de ne pas équilibrer ses matériaux, et il trouve ainsi l'aplomb du nid.

» Pour lui donner la forme intérieure régulièrement concave, il lui suffit de la modeler sur son propre corps; il accomplit cette tâche au moyen d'opérations très simples; en pivotant sur lui-même, il fait décrire une ligne circulaire aux matériaux qu'il superpose, enlace et lisse, et en tassant la paroi intérieure avec la poitrine, il lui imprime la forme arrondie de son corps.

» Son bec et ses pattes surtout sont comme les pointes d'un compas, en les éloignant et en les rapprochant, il trouve facilement le demi-diamètre ou le rayon de la

coupe du nid à toutes les hauteurs. Cela lui est d'autant
plus facile que le bec est également l'aiguille, la pince,
qui dirige et place les matériaux et il se trouve que
chaque oiseau a un compas proportionné à ses besoins ;
celui du troglodyte n'a que huit centimètres de grande
ouverture, tandis que celui du héron en a quatre-vingt-
onze. La courbe de la poitrine donne les mesures de
l'évasement du nid [1]. »

Par la matière et par la forme, les nids se ramènent à
différents genres et types. Au point de vue de la forme,
les nids semblent comporter trois ordres : le premier
ordre comprend ceux qui ressemblent à une coupe ; le
deuxième ceux qui sont couverts et affectent la forme
sphérique ; le troisième ceux qui sont creusés dans la
terre ou dans le bois. Si l'on examine les matériaux,
dont se compose principalement chaque construction, on
trouve encore des ressemblances et des différences caractéristiques et ainsi se constituent les genres de nids
en baguettes, en herbages, en terre, en mousse et en
feuilles.

Notre auteur étudie, cent pages durant, ces divers
types de nids. Son étude n'affecte pas les préoccupations
littéraires, quoiqu'elle atteigne souvent au beau sans y
prétendre ; mais elle analyse scientifiquement toutes les
matières et toutes les formes. Rien n'a pu lasser la patience de notre savant : il a séparé, compté, pesé toutes
les pièces, même les plus ténues qui forment la garni-
ture intérieure, le fond, la paroi et le revêtement extérieur de chaque nid. Ce compte fait, il en mesure le
grand diamètre, la hauteur, la profondeur, le cube. Le
crayon, le mètre, le compas, la balance ne quittent pas

---

1. *Architecture des nids*, p. 68.

ses mains; la photographie lui prête aussi son aide,
pour représenter, en étagères, suivant les ordres, les
différentes formes de nids. Certains nids ont prêté à un
inventaire vraiment phénoménal; il faut voir pour y
croire. Mais tout cela, c'est de la belle et bonne science.
On admire, et très justement le chimiste qui répète vingt
opérations, pour découvrir, en certains minerais, les do-
sages de silice, de chaux, de magnésie, de phosphore,
d'ammoniac, d'arsenic, de protoxide ou de peroxide de
fer. Pourquoi ne paierait-on pas le même tribut au naturaliste qui décompose un millier de nids pour créer à lui
seul la science de leur architecture? Il n'y a rien de
petit pour l'esprit humain. Tout ce qui le préoccupe,
l'exerce, l'agrandit et le fortifie; dans ses préoccupations, tout ce qu'il découvre augmente la lumière et dé-
livre l'humanité d'un souci. Celui qui a fondé la science
de la nidification est un bienfaiteur de son pays.

Au milieu de ses recherches savantes, la thèse pratique
ne perd point ses droits. Nous savons comment l'oiseau
fait son nid et pourquoi il le construit à tel endroit.
Notre savant va maintenant s'asseoir près du nid depuis
trois heures du matin jusqu'à neuf heures du soir. Déjà
il a compté le nombre total des voyages du père et de la
mère, puis supputé la quantité de leur travail, pour l'é-
rection du nid. Maintenant, il compte la durée de l'incu-
bation, le nombre des petits, la durée de l'élevage, la
quantité de chenilles ou d'autres insectes et petits mammifères détruits pour nourrir la couvée. Tous les oiseaux
viennent l'un après l'autre déposer leur état de service
et demander, en récompense, aide et protection.

Notre auteur est donc fondé à conclure qu'il ne faut
pas toucher aux nids, mais le défendre et proscrire
absolument le dénichage. « Mon enfant, fait-il dire à une

mère, ces oiseaux que tu vois sans cesse voler dans les airs
sont créés par Dieu, surtout pour être de puissants auxiliaires des hommes ; selon la volonté du Créateur, ils deviennent pour eux des serviteurs infatigables, ils accom-
plissent des travaux parfois si difficiles, qu'à prix d'argent
on ne pourrait les entreprendre ; si le pain, le vin, l'huile,
le bois et beaucoup d'autres productions de la terre sont
à bon marché, n'oublie jamais que nous leur sommes
redevables d'une partie de ces bienfaits, et puis sur cette
terre que l'on a appelée une vallée de larmes, tu auras
souvent besoin d'encouragements : alors les oiseaux qui
sont si beaux, si gracieux et si bons musiciens seront là
pour te distraire, toucher ton cœur, relever tes espérances. Eh bien ! ces nids sont les berceaux de leurs
chers enfants. Les toucher, les détruire serait donc une
faute très grave, ce serait manquer à Dieu, aux hommes,
à toi-même ; repousser avec dédain un bienfait du Créateur, priver tes semblables des ressources dont ils ont
besoin est de ta part un acte de sottise et de cruauté.
Aie donc toujours présent à l'esprit ce petit commande-
ment : Respecte, aime et protège les nids ; si tu les cher-
ches, que ce soit pour les admirer, les aimer et en devenir
le vigilant gardien ; de la sorte, tu feras le bien et tu
goûteras de douces joies au cœur. »

» Pourquoi le père de famille dédaignerait-il de prendre
part à la propagation de ces vérités ? Nous l'avons dit,
elles peuvent être utiles sous beaucoup de rapports : ne
convient-il pas surtout que le père ne souffre dans sa
maison rien qui puisse altérer le sentiment du respect.

» En tolérant le dénichage, on autorise l'esprit d'in-
subordination et des habitudes qui amoindrissent
l'âme.

» Voyez dans la plaine ces quatre petits dénicheurs :
on ne va pas à l'école, et ces gamins en profitent pour
battre les haies et les buissons. Trouvé, s'écrie l'un d'eux,
et triomphalement, il détache d'une branche un nid de
fauvette qui contient cinq œufs. Comme il l'a trouvé, il en
prend deux, il en reste un pour chacun de ses camarades ;
on va les avaler, seulement, en les cassant, on voit qu'ils
sont très couvés et on les jette. La pauvre mère est là qui
se lamente ; mais, a dit Lafontaine, l'enfance est sans
pitié.

» La bande reprend ses explorations et se met à fureter
dans les broussailles. L'un agite sa casquette ; à ce mystérieux signal, tous arrivent dans le plus grand silence,
car on comprend qu'il s'agit d'une affaire importante.
Une fauvette à tête noire est sur son nid. Alors, le plus
habile des quatre retrousse les manches de sa blouse,
se glisse comme un serpent, et... c'est bientôt fait, la
pauvre mère se débat sous sa main. Est-il adroit ce dé-
nicheur ! chacun d'eux brûle de l'imiter. Animal, dit le
ravisseur, il me donne des coups de bec ; alors on l'agace,
on le tourmente, et après s'être amusé de ses tortures,
on l'achève en lui tordant le cou.

» Dans le nid, il venait de naître cinq petits ! Toute
l'après-midi se passe ainsi ; le soir, on rapporte pour la
potée quelques oisillons, pas seulement en tout cent
grammes de viande. Le lendemain à l'école, en y al-
lant, on raconte ses prouesses.

» On le sait, d'imprudents parents laissent ainsi germer
dans le cœur de leurs enfants, des sentiments qui émous-
sent ou étoufferont leurs aspirations chrétiennes.

» Et cet autre gamin qui sort de la forêt, à son regard
fauve, à sa chevelure ébouriffée, à son air débraillé, à
l'aspect de son pantalon et de sa chemise tout déchirés,

vous pouvez être certain que pour les nids il est impitoyable. Hier il a été à leur recherche avec deux de ses pareils ; il a avec eux, trouvé, pris et partagé quelques jeunes ; mais dans deux nids, l'un de merle, l'un de grive, il y avait huit petits, à peine âgés de quelques jours ; on est convenu qu'on les prendra dans la huitaine ; pour les avoir tous aujourd'hui et, dès la pointe du jour, il a été les dénicher ; ils sont à moitié étranglés dans ses poches ; on ne peut distinguer les merles des grives, parce qu'ils n'ont pas encore de plumes.

» Ce malheureux vagabond, livré dès le bas âge aux instincts de la sauvagerie, nous le reverrons plus tard sur les bancs de la police correctionnelle ou de la cour d'assises, s'il ne se trouve personne pour lui tendre une main charitable, lui donner une culture chrétienne et, avec elle, l'intelligence du vrai et du bien [1]. »

Ce travail obtint, comme le premier, les suffrages de l'Église et de la science. « C'est, dit Mgr Meignan, l'analyse patiente de tous les procédés, de toutes les industries, de toutes les précautions de l'oiseau constructeur. Je n'ai rencontré nulle part une exposition aussi complète de l'art de ce charmant architecte de ses œuvres. Des naturalistes plus autorisés diront mieux que moi le mérite d'un livre si original, qui enrichit l'ornithologie de faits nouveaux, ramenés à des principes lumineux et incontestables. Mais, je tiens à louer ce qu'il y a de religieux et de sérieusement philosophique dans votre livre à la fois si gracieux et si technique. Tandis que le matérialiste et le panthéiste veulent systématiquement tout ramener à une sorte de Dieu-Nature inconscient, fatal, qui n'explique rien et serait le plus grand des mystères s'il n'était une

----

1. *Architecture des nids*, p. 167.

absurde conception, vous montrez dans l'oiseau l'ouvrier
du Dieu créateur et providence, ouvrier qui, dès le premier jour, a construit le nid dans une perfection telle
qu'elle ne permet ni progrès, ni changement. « La demeure des hommes, dites-vous, a varié suivant les siècles,
les besoins et les fantaisies ; le berceau de l'oiseau a atteint du premier coup sa perfection relative. » — « Vos
études, écrit de son côté Mgr Guerrin, sont pleines de
charmes et d'intérêt ; elles sont le résultat d'observations
aussi intelligentes que soutenues, et si les savants
ont su les apprécier, tous ceux qui vous liront vous sau-
ront gré d'avoir mis en lumière des merveilles qui échappent à bien des esprits distraits. — Vous ne vous con-
tentez pas de montrer la beauté si variée et l'architecture
si savante des nids d'oiseaux ; vous rattachez souvent à
vos descriptions des renseignements précieux, de hautes
considérations, et ceux dont vous n'aviez voulu faire, ce
semble, que des architectes, deviennent des êtres aussi
utiles que charmants, parfois des moralistes dont la tendresse et la prévoyance donnent les plus sages leçons.
— La lecture de votre livre, intéressante pour tous,
sera surtout profitable aux agriculteurs ; on trouve des
pages qui désarmeraient les dénicheurs les plus bar-
bares, et l'ensemble contribuera à faire bénir cette
admirable Providence, qui a voulu que les airs, comme
la terre et les eaux, aient des habitants pour publier sa
gloire. »

Le doyen de la Faculté des sciences de Nancy n'est pas
moins explicite : « Votre nouvelle étude sur les nids est
très digne d'attention. Vous avez décrit, avec un soin
minutieux, les diverses espèces des nids de la région
que vous habitez et dont vous possédez la collection
complète ; en observant les oiseaux à l'œuvre, vous avez

pu surpendre leurs procédés de construction. Aucun nid n'a échappé à vos investigations, pas plus celui de la pie, perché jusqu'au sommet des arbres les plus élevés et protégé, comme une véritable citadelle par des rameaux épineux contre les rapaces, que le nid plus humble du troglodyte, caché dans la mousse et dissimulé avec un art admirable. »

La Société centrale d'agriculture ayant accueilli cet ouvrage, l'envoya à l'examen d'une commission où se trouvaient Brogniart, Quatrefages, Blanchard, Daubrée, tous membres de l'Institut. Le rapporteur, Milne-Edwards après examen et délibération, conclut ainsi : « M. Lescuyer a été conduit à étudier avec persévérance les mœurs des oiseaux qui habitent le pays où il demeure, et comme il ne perdait jamais de vue les intérêts du cultivateur, il a dirigé principalement son attention sur les circonstances qui favorisent ou qui restreignent la multiplication de la population ornithologique, dont le concours nous est utile, contre l'envahissement des insectes nuisibles à l'agriculture. Il s'est appliqué à bien connaître les caractères du nid de chacun des oiseaux qui habitent la région où il se trouve, et, dans cette vue, il a formé une collection très nombreuse de ces constructions légères, variées et parfois élégantes. Au moyen de la photographie, il en a reproduit les principales formes, et il a cherché à les classer méthodiquement, non d'après les espèces ornithologiques auxquelles ils appartiennent, mais d'après leur mode de construction.

» M. Lescuyer s'est appliqué aussi à déterminer avec précision les époques de ponte des oiseaux qui habitent la vallée de la Marne. Pour chaque espèce, il a noté les dates de la première et de la seconde ponte, ainsi que la date de la ponte intermédiaire, lorsqu'il y en a trois, et il a disposé ces indicateurs en tableau par ordre chronologique.

» Nous ajouterons que M. Lescuyer a observé un grand nombre d'autres faits intéressants, relatifs aux mœurs de plusieurs espèces et aux relations qui existent entre les variations que l'on y remarque et les conditions biologiques dans lesquelles les individus se trouvent. Enfin l'auteur s'occupe de l'utilité agricole de ces animaux et des mesures législatives ou autres, qui lui paraissent nécessaires pour favoriser la multiplication des oiseaux insectivores. Nous ne croyons pas devoir ici entrer dans l'examen détaillé de ces questions, qui ne sont guère susceptibles d'analyse, et nous nous bornerons à dire que, sur un grand nombre de points, nous partageons les opinions de M. Lescuyer. »

Nous ne saurions taire que plusieurs, en présence de ces recherches si bien conduites, si détaillées, et, à force d'analyses, si savantes, prononcent le nom de *minuties*. Pour ne pas nous donner le tort de respecter le ridicule, nous pourrions dire, avec Chamfort, que les hannetons ne sont pas capables d'apprécier l'histoire naturelle. Nous aimons mieux alléguer qu'il n'y a rien de petit dans l'œuvre de Dieu. Ce que Dieu a daigné faire, nous ne pouvons pas dédaigner de le connaître. En l'étudiant dans le miroir et dans les énigmes de la création, si nous parvenons à le découvrir, nous entrons dans une connaissance plus profonde des attributs de Dieu et des richesses de l'exemplaire divin. Alors la science nous aide dans l'accomplissement des devoirs de la foi; alors, faisant écho au cantique des trois enfants dans la fournaise, nous comprenons que toutes les créatures, et les oiseaux comme les autres, doivent au créateur, l'hymne de la reconnaissance : *Benedicite omnes volucres cœli Domino*. — Cet hommage n'est jamais mieux compris que quand on a étudié profondément l'oiseau.

V

CLASSIFICATION, ACCLIMATATION, OISEAUX DE PASSAGE, TENDUES, FORCE DESTRUCTIVE DU CLIMAT

L'oiseau étudié dans son nid et dans ses rapports harmonieux avec la nature, deux questions se présentent à l'esprit : Comment faut-il classer les oiseaux, pour acquérir, des genres et des espèces, une connaissance *scientifique?* Comment faut-il s'y prendre pour acclimater les oiseaux et les défendre soit contre la force destructive des climats, soit contre la voracité, afin d'assurer tous les avantages *pratiques* de leur fonction providentielle?

Ces questions furent, dans toutes leurs données, pour l'esprit logique de notre savant, l'objet d'autant d'études particulières et d'ouvrages spéciaux. Ce chapitre doit en faire connaître les titres et les précieux enseignements.

La classification, essayée par Buffon, déterminée par Cuvier, contestée par Ducrotay de Blainville, avait été spécialement recommandée, par Arcisse de Caumont, à M. Lescuyer. Sauf cette recommandation, c'est pour tout esprit pénétrant une sorte de besoin instinctif de se hausser aux grandes synthèses. Le fait particulier a son importance ; la science qui le négligerait courrait grand risque d'être une science en l'air ; mais lorsqu'on a étudié avec soin le particulier, on a besoin de s'élever aux considérations générales et d'autres, autant qu'on le peut, en pleine lumière.

Le maître esprit de l'ornithologue champenois s'arrête de prime bord à ce grand problème. « Énoncer, dit-il, d'une manière très sommaire, les principes, les forces, ou les faits d'un même ordre de choses, de manière qu'ils apparaissent comme les anneaux d'une chaîne, les rouages d'une machine, les branches d'un arbre, les membres d'une famille : c'est faire une *classification*. — On comprend surtout qu'une classification soit le fondement de tout enseignement en histoire naturelle. C'est une base essentielle pour l'étude des oiseaux. Il n'est pas un seul auteur qui ait entrepris ce travail, sans avoir préliminairement composé ou adopté une classification. Ceux mêmes qui ont recours à l'ordre alphabétique ne s'en sont pas dispensés. C'est une nécessité qui s'impose à ceux qui enseignent et à ceux qui sont enseignés, et pour résoudre les questions que nous avons commencé à poser, il est indispensable de s'appuyer sur une classification des oiseaux. — Pour l'étude que nous entreprenons sur l'utilité des oiseaux, quelle classification devons-nous suivre [1] ? »

En posant cette question, l'auteur se proposait d'en préparer la solution par l'étude des faits. Après avoir beaucoup étudié, beaucoup observé, il ne publia qu'en 1878, son *Introduction à l'étude des oiseaux*, (in-8° de 23 p.) et qu'en 1880 sa *Classification des oiseaux de la vallée de la Marne, basée sur la nature, l'utilité, la puissance, le lieu, l'époque et la durée de leurs travaux.*

---

[1]. *Les oiseaux dans les harmonies de la nature*, Introduction, p. 15.

(Atlas in-8° contenant une préface, une légende explica-
tive et cinq cartes.)

On voit, par la seule transcription du titre, sur quelle
large base et par quel ensemble de caractères, le savant
s'était orienté dans sa classification. Lorsque vous lisez,
sur ce point difficile, les controverses des grands savants,
vous êtes parfois surpris de la ténuité du détail qui sert
de champs à leur controverse. Ces braves gens ne se
battent pas sur une pointe d'aiguille, mais sur une pointe
de bec ou sur une pointe de griffe, belle occasion pour
batailler *unguibus et rostro*. M. Lescuyer, lui, pour
dresser son cadre, pose ces six points : la nature, l'utilité, la puissance, le lieu, l'époque et la durée des travaux. C'est au point de vue de la *fonction* de l'oiseau, qu'il
classe les genres et les espèces ; et, pour les classer sur
de bons titres, après avoir indiqué les espèces, genres
et familles, il note : 1° sur la *nature du travail*, si les
oiseaux sont serviteurs plus ou moins utiles, gibier plus
ou moins abondant, s'ils sont plus ou moins nuisibles,
et si, étant utiles, ils sont, plus ou moins végétalivores
et animalivores ; 2° sur le *lieu du travail*, il s'enquiert
si l'oiseau travaille dans les villages, les villes ou les
diverses provinces de la contrée, champs, bois, marais ;
3° sur *la hauteur* à laquelle s'opère le travail, il marque
l'élévation plus ou moins grande du nom de l'espèce
dans chaque série ; 4° sur l'*époque* et la *durée* du travail,
il marque s'il s'effectue toute l'année, en été, en hiver,
s'il est double et périodique, irrégulier ou accidentel ;
5° sur la *puissance du travail*, vous apprenez s'il est plus
ou moins commun, plus ou moins rare. Les oiseaux
portés comme auxiliaires d'une série sont marqués, à
cette série, entre parenthèse. Les indications portées
aux tableaux, signalent, pour l'ordinaire, le caractère pré-

dominant d'une espèce, d'un genre, d'un groupe ou d'une série d'oiseaux; on n'oublie pas, pour cela les caractères importants, mais secondaires de la série, du groupe ou de l'espèce. En d'autres termes, ces tableaux sont tellement complets que s'il fallait en donner l'explication, un volume pourrait à peine suffire. Nous pouvons d'autant mieux nous en dispenser, que l'auteur s'est expliqué lui-même, pour motiver ses titres à la créance.

Dans l'*Introduction à l'étude des oiseaux* (p. 15), se demandant ce qu'il fallait d'espèces pour effectuer, dans notre vallée, le travail d'élimination : « C'est, dit-il, une question que je crois avoir résolue. Comment? Par tous les moyens d'investigation que l'on peut employer, et, il *les faut tous* sans exception.

» La détermination d'après la simple vue de l'oiseau sauvage est souvent insuffisante. Un moyen très efficace est de s'enquérir de tous les oiseaux que l'on tue. Or, depuis vingt ans, j'ai toujours été le premier au marché. Des amis chasseurs sont venus à mon aide, et mes collègues en ornithologie de la Marne m'ont fourni des renseignements qu'ils ont recueillis par eux-mêmes. Ma collection complète de nids et d'œufs m'a révélé un certain nombre d'espèces dont l'existence était complètement ignorée dans nos pays. Enfin l'étude du chant des oiseaux m'a permis de reconnaître dans certaines localités, des oiseaux qu'on n'y avait ni tués, ni vus, et dont on n'avait trouvé ni les nids, ni les œufs. — C'est ainsi que j'ai porté à 287 nos espèces d'oiseaux.

» Restait à savoir quelle était l'industrie spéciale de chacune d'elles. Je crois que très longtemps encore cette question ne sera pas entièrement résolue; mais la science, sous ce rapport, fait chaque jour des progrès. — Quant à moi, voici comment j'ai procédé : naturelle-

ment j'ai profité de toutes les occasions pour voir le lieu
précis où mange l'oiseau et ce qu'il mange. Ensuite j'ai
recueilli les estomacs de beaucoup d'oiseaux tués, et je
me suis adressé à des spécialistes pour déterminer les
fragments de végétaux et d'animaux qu'ils contenaient.
Ces moyens étant insuffisants, je me suis dit : Entre une
armoire et l'atelier du menuisier, une maison de pierre
et un chantier de maçon, un abattoir et les outils du
boucher, la meule de blé et le matériel du moissonneur,
il y a des relations de causes à effet, telles que l'un fait
deviner l'autre ; si donc j'étudie l'organisme de l'oiseau.
je devinerai ses aptitudes et je me suis mis à disséquer
des oiseaux. Ainsi je suis arrivé à aligner beaucoup de
chiffres, trente mille environ.

» Pour former mes totaux de groupes et de genres,
j'ai dû plus d'une fois hésiter ; car très souvent une espèce appartient à plusieurs groupes : je l'ai naturellement
placée dans la classe de ceux avec lesquels elle semble
avoir le plus de rapports. Assurément je n'oserais affir-
mer que j'ai toujours trouvé le vrai, parce que, pour
chacune des espèces, il faudrait un nombre incalculable
d'observations et d'analyses ; mais, à moins de rester
dans les généralités, c'est-à-dire dans le vague, il faut
poser des chiffres, et j'aime à croire que, dans la limite
de mes opérations, les miens sont d'une exactitude
rigoureuse.

» Et maintenant quel a été le résultat de mes recherches ? Des six mille espèces environ d'animaux qui ont
été attribués par le Créateur à notre vallée, la plupart de
ceux qui sont chargés directement d'éliminer les végétaux ne sont pas des oiseaux. Ceux-ci n'interviennent le
plus souvent que pour l'élimination des graines sur pied
des plantes envahissantes sur les plantes herbacées à

haute tige et sur les buissons et les arbres, quand cette industrie demande une force de destruction plus grande que celle de l'insecte, moins considérable que celle des rongeurs, quand, pour la répartition de ce travail, la plus profitable à nos intérêts, il faut des déplacements multiples et quelquefois éloignés.

» Ainsi sur 287 espèces, n'avons-nous en fait de végétalivores que 47 espèces ; il est vrai qu'un certain nombre des 240 animalivores sont des granivores et des baccivores ; mais aussi la plupart des végétalivores sont également insectivores...

» Demandons-nous maintenant comment les oiseaux sont répartis dans notre vallée. Dans la plaine, où l'élimination est facile, le travail ne compte pas beaucoup d'espèces qui s'y fixent : nous n'en avons que 34 dont 21 sédentaires et 13 de passage, mais, par cela même que la plaine est d'un accès facile, elle reçoit la visite et le concours d'un certain nombre des oiseaux des bois et des eaux : ce sont même les petits granivores des bois qui égrènent les plantes à haute tige de la plaine. — Dans les bois où la végétation a le maximum de ses proportions, en grosseur, en hauteur et en durée, et une variété organique que rien n'égale, il fallait un outillage aussi spécial que varié, des moyens particuliers de locomotion : aussi nous y comptons environ 83 espèces sédentaires. — Dans les terres marécageuses ou couvertes d'eau, la végétation est vigoureuse et surtout l'accès en est difficile ; de plus, ces terrains sont clair-semés dans la vallée, très limités sur le même point et souvent gelés en hiver. Il fallait donc encore là beaucoup d'espèces et nous en comptons 124 dont 29 sédentaires. Mais il est vrai que 75 sont de passage irrégulier et accidentel. — Les produits accumulés autour des habitations ont nécessité six espèces particulières d'oiseaux ; mais les habitations sont toujours entourées de champs, de jardins, de plantations et d'eau, et il s'ensuit que les oiseaux des champs, des bois et des eaux accourent autour de nos maisons et nous y rendent des services variés. »

Ainsi la classification des oiseaux, qui est ailleurs une nomenclature si sèche, parfois si ennuyeuse, devient, sous la plume de M. Lescuyer, une synthèse d'ornithologie, et, en abrégé, toute la pratique de la science. On la comprend mieux toutefois en étudiant l'acclimatation et les migrations.

Les oiseaux sont répartis à la surface du globe d'après les variétés principales du sol et du climat. L'acclimatation consiste à fixer une espèce dans un pays autre que son pays d'origine ; la naturalisation a pour objet de la retenir dans la plaine, les bois ou les eaux ; la domestication, quand on l'attache à son domicile et l'apprivoisement lorsqu'on l'attache à sa personne. Sur la domestication, M. Lescuyer cite quelques faits dans ses *Oiseaux dans les harmonies de la nature*, p. 176 ; sur l'acclimatation, il n'a examiné, dans le *Bulletin de la société d'acclimatation* (n° de juillet 1877), que deux questions : 1° Dans quelles circonstances les tentatives d'acclimatation doivent être faites ? 2° De quelle importance est l'oiseau pour l'acclimatation des plantes. Sur le premier point, il note les espèces réfractaires à l'acclimatation, indique celles qui dépérissent par le changement, et, sans repousser l'acclimatation d'une manière absolue, conclut que le meilleur moyen de s'assurer les services de l'oiseau, c'est de ne pas détruire les races indigènes, et de ne pas transformer les passages en tueries. Sur le second point, il dit que pour acclimater une plante, il faut acclimater en même temps l'oiseau qui la protège ou accepter les répartitions divines faites sur la surface du globe.

Au reste, ce qui montre le peu d'utilité de l'acclimatation, c'est la migration des oiseaux. Ce n'est pas une des moindres merveilles de la nature que la translation bisannuelle du monde des oiseaux des contrées du Nord aux régions du Midi, et des régions du Midi vers les contrées du Nord. Quelques espèces parmi les quadrupèdes, les poissons et les insectes sont aussi soumises à des migrations; mais la généralité et la régularité de ce double mouvement s'effectue chez les oiseaux comme par un ébranlement général de la Providence. La puissance de locomotion qu'il suppose chez ces êtres en apparence si frêles, pour accomplir leur vaste parcours; la sagacité qu'il implique pour prévenir les saisons, les conditions de l'atmosphère et la direction dans l'espace, étonnent l'imagination, et la surprise diminue à peine, lorsqu'on cherche à approfondir les choses, à déterminer les causes, les lois, les péripéties de ce grand phénomène.

Ce qu'il y a de plus clair tout d'abord, c'est que, à un moment donné, Dieu envoie, pour auxiliaires, à nos oiseaux sédentaires, les oiseaux de passage. Au printemps et à l'automne, une invasion d'éliminateurs ailés vient pour anéantir, s'il se peut, les progéniteurs d'insectes et de mammifères nuisibles, et, plus tard, pour réduire à son *quantum* normal, leur funeste progéniture. Ce bon ouvrier, que le ciel nous envoie, a donc des titres non seulement à notre protection, mais à notre reconnaissance. Au lieu de lui porter aide, on s'ingénie à l'exterminer. En prévision de son arrivée, sans égard pour les richesses de sa robe, les grâces de son chant et l'importance de ses services, on tend des raquettes et des lacets, on dresse des gibets et des potences. A peine

le pied de l'oiseau pose-t-il sur la branche, qu'il est pris
par les pattes, et, s'il descend à terre, il est pris par le
cou. Ici, il s'étrangle en voulant s'arracher; là, il reste,
comme un martyr, à son poteau, rougissant de son
sang l'instrument du supplice, fatiguant l'air de suppli-
cations inutiles, étouffé à heure fixe par le tendeur. Ce
tendeur est quelque domestique ou quelque gamin,
qui, pour l'appât du lucre ou l'appétit de la gourmandise,
met chaque jour dans son sac, fauvettes, rouges-gorges,
linottes, pinsons, chardonnerets, verdières et rossi-
gnols. Le bourgeois cependant peut, à discrétion, tandis
que tant d'autres n'ont que les légumes au lard, se payer
la côtelette classique, la tête de veau et le gigot de mouton; il peut prendre à main fermée dans sa basse-cour;
il peut ajouter la gigue de chevreuil, les côtelettes à la
Soubise, les pigeons à la crapaudine, la hure de sanglier.
Ce n'est pas assez, il lui faut encore ces petits insectivores qui n'ont que trois grammes de chair, qu'on
mange par douzaines quand on n'a plus faim et dont
l'extermination livre la contrée à la désolation de tous
les fléaux réunis. On ne peut rien imaginer de plus stu-
pide et de plus honteux que la destruction, par tendue,
de ces petits oiseaux de passage.

Par deux mémoires successifs, dont la seconde édition
est de 1876 (in-8° de 116 pages), M. Lescuyer s'élève, avec
toutes les ressources de la science, contre un si vil abus.
Dans le premier, il examine d'abord la question du droit
de chasse au point de vue du droit naturel et de la législation relative aux oiseaux; ensuite, il dresse la statistique des tendues et suppute les milliers d'oiseaux qu'elles
livrent à la dent de l'indigne consommateur; après quoi
il tonne contre les conséquences d'une si aveugle destruction. Quand je dis qu'il tonne, je devrais plutôt dire

qu'il s'indigne à froid, pour mieux ajuster ses démonstrations. Mais les faits qu'il révèle, accablent véritablement l'esprit. Les tendeurs n'apparaissent plus que comme de méprisables et imbéciles malfaiteurs.

« Les déplacements si multipliés des petits passereaux, dit-il, sont nécessaires, parce que ces petits oiseaux, chargés de l'élimination des infiniment petits, ont besoin, pour se mettre à la recherche de leur proie, de passer sans cesse d'un observatoire à l'autre. Leurs yeux ont la pénétration du microscope; mais, pour découvrir dans les herbages, dans les mousses, dans les crevasses du bois et de la terre, un œuf de mouche ou de puceron, il leur faut les braquer constamment dans toutes les directions. Les petits passereaux peuvent d'ailleurs se transporter sur le roseau et l'arbuste des marais sans nacelle, traverser une rivière sans pont, monter sur un arbre sans échelle, gagner l'extrémité des plus petites branches sans échafauds, traverser un massif sans tunnel, aller très vite sans chemin de fer, pratiquer toutes les éliminations nécessaires, dans l'outillage si varié, si compliqué de l'industrie humaine, c'est-à-dire se transporter toujours et très vite là où l'élimination a besoin d'un complément de forces, inspecter en une journée un ou plusieurs territoires [1]. »

Pour comprendre la nécessité de cette expurgation, il suffit de dire qu'un puceron, épargné en mars, a produit, en octobre, non pas des millions, non pas des milliards, mais des milliards de milliards de ses congénères, de quoi dévorer une province. Or par an, une mésange bleue détruit 200,000 insectes. La sittelle mange deux fois plus que la mésange bleue. Les rouges-gorges et

---

1. *Oiseaux de passage et tenderies*, p. 34.

les rouges-queues, que nous voyons sans cesse en observation et en chasse, c'est-à-dire en mouvement dans
les buissons et les herbages, font également une très
importante consommation d'insectes, de leurs œufs et de
leurs larves. C'est, en effet, sur le sol et à proximité du sol,
que le plus grand nombre des insectes réside et opère
ses éliminations, parce que là sont déposées les graines
et que la surface du sol est complètement occupée par
les racines des plantes et des arbres.

» C'est là que le chêne est attaqué, quand il sort du
gland, pour devenir un baliveau, puis une futaie.

» Assurément les tendeurs n'ont jamais eu à leur disposition ces renseignements et d'autres du même genre ;
ils n'ont jamais su que pour manger trois grammes de
mésange ou sept grammes de rouge-gorge, ils pouvaient causer d'aussi graves préjudices aux plantes et
aux arbres si nécessaires à la vie humaine.

» Je les prie de s'inspirer de ces chiffres et de calculer
combien de mal on a pu faire au moyen des tendues
dont j'ai donné plus haut la statistique.

» On a pris en 1871 et 1872, dans six tendues, 3,239
insectivores, qui n'ont produit que le poids insignifiant
de vingt-deux kilos de viande et on a ainsi détruit 3239
éliminateurs, appelés à rendre notre vie matérielle moins
difficile et moins coûteuse, notre vie morale et spirituelle, beaucoup plus agréable [1]. » — En détruisant ces
oiseaux, on a sauvé un milliard d'insectes ; livré les
champs et les près à leurs infatigables déprédations.

Sous l'empire, les fléaux continus de l'agriculture
avaient ramené l'attention publique sur l'utilité des oiseaux ; sous la république, cette même question était

1. *Oiseaux de passage*, p. 37.

revenue à l'ordre du jour. Ce fut, pour M. Lescuyer, en 1875, l'occasion d'écrire un second mémoire. Qu'on livre au plomb des chasseurs, la bécasse, la perdrix, la caille et autres oiseaux gibier, cela se comprend ; mais les hirondelles et l'intéressante légion des petits insectivores, cela ne peut s'admettre pour aucun motif. « Ce n'est pas sérieusement, avait dit le président Bonjean, qu'on voudrait légitimer ainsi la destruction de ces petits êtres dont chacun fait à peine une bouchée. Est-ce aussi une nourriture que ces oiseaux-mouches de l'ancien monde, le troglodyte et le roitelet, qui ne sont qu'une bouffée de plumes? Non ; ce n'est pas alimentation qu'il faut dire, c'est gourmandise brutale. »

Notre savant rentra donc dans la lice. Au cours de son second mémoire, il parle de la répartition des oiseaux sur la terre, des espèces sédentaires et des migrations, de l'harmonie de leurs concours et de l'absolue nécessité de leurs services. En faveur de ces indispensables oiseaux, il provoque l'intervention des comices agricoles, des préfectures et des gouvernements. Comment ne pas applaudir à ces généreux efforts, lorsqu'on voit, par exemple, les Bordelais manger un million d'hirondelles ; les forêts comme les champs livrés aux insectes et la destruction des oiseaux aboutir à l'appauvrissement des nations. Le mal est grand, le danger imminent ; il faut des remèdes prompts et énergiques.

M. Lescuyer ne raisonne pas, au surplus, seulement en économiste utilitaire ; il plaide aussi en avocat de son intéressante clientèle et le fait avec autant d'art que de raison. Qu'on juge par son apologie du rouge-gorge, oiseau modeste, qui paraît peu se recommander de lui-même, et dont notre naturaliste pourtant fait une merveilleuse apologie.

« Grâce à la législation belge, dit-il, notre rouge-gorge arrive tout guilleret jusqu'aux douanes françaises ou allemandes mais alors son attention est attirée par des scènes bien peu rassurantes, à ses regards apparaissent comme autant de potences des milliers et des milliers de raquettes. Pris dans ces engins meurtriers, des rouges-gorges se débattent pendant de longues heures en attendant qu'on leur torde le cou.

» Sont-ce des contrebandiers? Non? Ont-ils commis quelques crimes dans nos départements de la frontière et dans l'Alsace-Lorraine? Aucun.

» Supposons même qu'une bonne fée ait donné à l'un de ces rouges-gorges une forme humaine, il obtiendrait sans doute beaucoup de récompenses dans notre société française.

» Dans une salle d'asile, il aurait le prix de propreté et d'appétit, et dans un pensionnat de demoiselles celui de bonne tenue; car il est joli, gracieux, sa robe d'un gris modeste est rehaussée d'une collerette empourprée et éclatante, ce qui lui a valu le nom de rouge-gorge. Perché sur une branche de buisson comme sur un piédestal enguirlandé de verdure, il apparaît parfois comme pour charmer les regards d'un artiste, pour inspirer une Rosa Bonheur.

» Dans un conservatoire de musique ne concourrait-il pas avec succès? Dans son chant l'on trouve tour à tour les sons doux et veloutés de la flûte, les pénétrantes vibrations des hauts-bois et les accents émus de la voix. Il semble se complaire loin des trivialités de la musique. Il chante les joies de la famille, et, à n'en pas douter, les beautés de la création, le rayon du soleil, le beau ciel, la verdure et les fleurs, comme notre admirable virtuose de l'hiver.

» Dans un comice agricole il obtiendrait une médaille de vermeil. Il a 18 ans d'âge et de bons services ; 32 fois dans sa vie il a traversé la Hollande, la Belgique et la France ; il a parcouru des milliers de kilomètres, pénétré et fureté, dans les retraites les plus inconnues des forêts, des bosquets et des jardins. Aussi il a détruit des milliers d'insectes qui, en restant ou en devenant surabondants, auraient gaspillé de précieuses richesses agricoles. Ces innombrables ennemis il les a immédiatement convertis en guano qu'il a semé partout. Toujours il a été le premier levé et le dernier couché. En fait de cabaret, il n'a connu que la fontaine et le ruisseau ; en dehors de ses repas, il n'a guère ouvert son bec que pour édifier son nid ou pour chanter.

» Sa conduite à l'égard de sa famille et à l'égard des hommes a été particulièrement louable.

» Il y a de cela dix-huit ans, en Hollande, dans un nid de mousse à ciel de verdure, naissaient sept tout petits enfants ; quand vinrent les migrations d'automne, toute la famille partit, notre jeune rouge-gorge qui en était, fit alors son premier tour de France, il accomplit ses devoirs en toute occasion et retourna au printemps dans sa patrie.

» Depuis 1859, il compta en 17 fois 65 petits ; ce que lui coûtèrent les tribulations de la famille, personne ne le saura jamais. De ces chers enfants beaucoup lui furent mangés.

» De plus, le rouge-gorge est par excellence un ami de l'homme, c'est chez lui une qualité tellement dominante que tous les auteurs se plaisent à la lui reconnaître ; ils ont constaté qu'il s'approche des habitations en hiver, qu'il pénètre même dans les maisons et dans les chaumières ; aussi M. Gerbe, d'après Blyth, le nomme-t-il rouge-gorge familier, *rubecula familiaris*.

» Si, en cheminant dans la forêt il rencontre un bû-
cheron, un charbonnier, il aime à s'arrêter et à s'appro-
cher de lui, et à lui faire de gracieuses minauderies. De
même que le vent apporte de l'Océan la goutte d'eau qui
rafraîchit la fleur desséchée, et qu'un rayon de lumière
part du soleil pour raviver la sève du chêne endormie
dans les ténèbres et le froid de la nuit, de même au plus
fort de l'hiver et quand les arbres plient sous le poids de
la neige, le rouge-gorge vient offrir au cœur de l'ouvrier
de bois un regard d'ami comme un sourire de la providence.

» Une vieille légende bretonne raconte que le rouge-
gorge accompagna Jésus-Christ, sur le Calvaire, chercha
à le consoler par son chant et détacha une épine de la
couronne du divin rédempteur pour adoucir, autant qu'il
le pouvait, ses souffrances. Afin de récompenser sa courageuse sympathie, il laissa sur la poitrine du rouge-gorge
l'empreinte de son sang divin et cet oiseau reçut alors
la mission de s'attacher aux pas de ceux qui travaillent
et qui souffrent, pour continuer ainsi son rôle d'ami et
de consolateur [1]. »

Le cruel hiver de 1879-80 qui n'avait été, pour tant
d'autres, qu'une occasion de se serrer au coin du feu et
de s'emmitoufler davantage, fut, pour notre ornithologue, l'occasion d'étudier, dans ces terribles variations
de température, les questions de *sédentarisme* et de *mi-
gratorisme*. On en trouve l'exposé dans l'opuscule inti-
tulé : *Des oiseaux de la vallée de la Marne pendant l'hiver
de 1879-80*, in-8° de quarante pages.

» Dans quelles proportions faut-il, suivant les saisons,
que la chaleur et le froid, l'humidité et la sécheresse,

---

1. *Oiseaux de passage*, p. 106.

soient répartis sur la terre, afin que les plus grands intérêts de l'homme soient sauvegardés : » voilà le problème qu'il veut éclairer par expérience. Pour y réussir, il dresse d'abord un état de la température pendant les quatre mois d'hiver; puis il constate et classe les faits.

L'hiver ayant débuté par une neige et un froid exceptionnels, les oiseaux de passage traversèrent la vallée de la Marne sans s'y arrêter. Au dégel du 29 décembre, ils revinrent sur leurs pas, et repartirent à la reprise du froid et des neiges, pour ne reparaître qu'après le dégel de février. — Des espèces sédentaires, la plupart avait émigré; les autres furent éprouvées par des pertes cruelles. Les espèces même les mieux défendues par leur vigueur et par les facilités d'alimentation, furent sensiblement atteintes par le froid. Au printemps de 1880, des pontes, largement réparatrices, vinrent combler les vides. La conclusion à tirer de là, c'est qu'il importe de protéger les oiseaux, non seulement parce qu'ils sont utiles, mais encore parce qu'ils peuvent à certains moments, périr en masse sous les coups de l'hiver.

A ces idées principales se rattachent une foule de faits concordants avec les états de température et de considérations très variées qui nous amènent à admirer les harmonieuses combinaisons, à l'aide desquelles la Providence se plaît, au milieu des grands troubles des saisons, à maintenir l'équilibre des forces et le mouvement paisible de l'univers [1].

Le dernier mot des recommandations de notre savant c'est l'adage chrétien : « Aide-toi, le ciel t'aidera. »

1. Cf. Rapport fait par M. Ch. Riel à la société des *Sciences, arts et lettres de Saint-Dizier*.

VI

LANGAGE ET CHANT DES OISEAUX

Si nous étudions le langage de la nature, nous le voyons parfaitement approprié à l'instinct de l'animal et à l'intelligence de l'homme ; les animaux, même d'un ordre inférieur, le comprennent ; et, grâce à lui, ils savent ce qu'ils ont à faire.

Dans le langage de la nature, on trouve deux genres principaux : l'un qui résulte de la variété des proportions, des formes et des couleurs ; l'autre de l'harmonie des sons, le premier s'adresse à l'œil ; le second, à l'oreille.

L'homme, pour exprimer d'une manière courte et facile, ses idées et ses sentiments, se sert d'un petit nombre de signes, qui peuvent, par leurs combinaisons, en former une multitude d'autres. C'est au moyen de ces signes, nommés lettres et chiffres, qu'on a formé les mots et les nombres, exprimé les idées et comparé les grandeurs.

Dans la nature, on n'a ni le chiffre, ni le mot, mais on a la forme, la couleur et le son. Grâce à ses variétés innombrables et magnifiques, ce langage, parfois muet, toujours inarticulé, caractérise le moindre des éléments de la création, même dans 'ses phases de développement et devient aussi l'image vivante des choses. S'il est moins propre à rendre les idées abstraites, qu'il aide, au surplus, à soupçonner, en retour, il traduit mieux les sentiments : il n'est pas tellement mystérieux qu'il ne puisse être interprété, par les savants, dans les moindres détails. Spontané, facile, saillant, vif, il est, dans ses généralités, compris dans tous les lieux et dans tous les temps.

Donc, abstraction faite ici des formes et des couleurs, il y a dans la nature production du son et du timbre ; dans le langage de l'homme, par delà les mots et les chiffres, l'interjection, sorte de cri qui exprime sans l'articuler, ce que la langue de l'homme ne saurait rendre ; et chez les oiseaux, sans articulation verbale, le langage et le chant.

Des animaux et même des insectes partagent avec l'oiseau, le don de se faire entendre. D'après notre dictionnaire, le lion rugit, le loup hurle, la chèvre et le mouton bêlent, l'âne brait, le cochon grogne, la vache, le taureau et le bœuf beuglent et mugissent, le chien aboie, le jeune chien jappe, le renard glapit, le chat miaule, le serpent siffle, l'abeille bourdonne, la grenouille coasse, le grillon et le criquet crient.

Certains oiseaux de grosse taille crient aussi ; le corbeau croasse ; la poule caquette, closse et glousse ; l'oisillon et le poulet piaulent. Plusieurs espèces jargonnent, le moineau chuchote, la pie jacasse, le perroquet parle, la mésange tintine. Beaucoup d'oiseaux ramagent, gazouillent, fredonnent ; la tourterelle roucoule, l'alouette chante.

De ces modes de chant, plusieurs oiseaux ont tiré leur nom.

Les oiseaux, on le comprend, n'ont pas ce qu'il faut pour parler une langue comme la nôtre ; mais grâce à la perfection de leurs instincts et l'organisme de leur gosier, ils donnent à un son des nuances qui ont quelque analogie avec celles que nous articulons au moyen des voyelles et des consonnes. Par l'émission et par la répétition variées d'un son et de ses nuances, ils arrivent à dire ou à apprendre ce qu'ils ne peuvent, dans certaines circonstances, exprimer au moyen des attitudes et des signes. Quoique très laconique, ce langage est pourtant d'une importance capitale : aussi a-t-il été accordé à toutes espèces d'oiseaux et reste-t-il à l'usage des meilleurs chanteurs, pendant la plus grande partie de l'année.

Dans ce chant, on peut retrouver les éléments primaires du langage humain. Ce qu'il y a de certain, c'est que grâce au nombre et à la flexibilité des muscles du larynx inférieur, à la longueur du cou, à la mobilité et à la ténuité des anneaux de la trachée, aux flexuosités de ce tube, l'oiseau peut, en émettant un son, lui donner un certain nombre de nuances qui caractérisent les voyelles et les consonnes.

Dans le langage ordinaire et dans les chants simples, il les accentue plus sensiblement que dans la vocalisation, et alors nous percevons sans effort quelques consonnes palatales, sifflantes et linguales. Le son est assez nuancé pour indiquer qu'il vient de telle ou telle espèce, de tel ou tel individu et qu'il exprime quelquefois tel ou tel sentiment.

Pour donner à son langage la variété nécessaire, l'oiseau a recours à d'autres ressources. Ainsi la note est plus ou moins forte selon que l'animal est plus ou moins gros. Dans la même espèce, elle est renforcée ou adoucie, dans tel individu, elle affecte un timbre particulier : elle est sèche chez le pic, éraillée chez le rossignol irrité, suave chez la femelle du pouillot sylvicole. Enfin, une seule émission de voix peut être brève ou longue, et même, sous le rapport de la tenue, elle varie de manière à avoir la durée si musicale d'une triple, d'une double, d'une croche, d'une noire et d'une blanche.

Par ces variantes, on voit qu'une seule note peut exprimer beaucoup de choses, et le fait est qu'à son audition, nous constatons, dans le fond d'un bois, les chants des diverses espèces de pics, d'un gros bec, d'une fauvette, d'une grive, d'un rouge-gorge ou d'un troglodyte.

Mais une note peut se répéter avec telle ou telle nuance, et aussi donner lieu à des combinaisons nouvelles. De là :

L'entraînante impétuosité de la double croche que souvent on constate, la gravité d'une tenue du genre de celles que l'on entend dans le chant perlé de l'alouette ;

L'incisive attaque d'une note, d'une double croche suivie d'une croche, comme la pratiquent l'hippolais et l'effervatte ;

Le mordant du staccato du torcol ;

La douceur et la grâce des notes unies et coulées, comme sur une corde à violon, par le pouillot fitis ;

La cadence de syncope, comme la donne le grand ramier ;

Le rhythme de notes égales en durée et redites régulièrement, comme aussi la répétition régulière des périodes, ce qui se présente dans la cantate de la fauvette babillarde ;

Les mystérieux effets de sourdine du martinet ;

Le sforzando et le diminuendo alternatifs du pouillot fitis ; le crescendo et le decrescendo du pipit des arbres.

Toutes ces variétés de chant donnent déjà quelque chose de musical au langage ; avec des mélanges de sérénité et de volubilité, d'amour et de passion, on passe de la causerie à la déclamation, à l'éloquence et même au chant. Et il arrive que souvent on ne sait ce qu'on doit le plus admirer de l'un ou de l'autre.

Enfin l'oiseau produit des notes aiguës et graves à divers degrés, et il trouve dans les combinaisons régulières, quoique différentes de celles de notre musique, des périodes musicales capables de flatter beaucoup l'oreille et de traduire mieux qu'avec son langage ordinaire, les plus beaux sentiments.

Les intervalles de notre gamme ne sont pas applicables à l'oiseau. L'oiseau cependant a une certaine analogie à produire des notes ascendantes qui ont entre elles des espèces d'intervalles de tierce et de quinte. Souvent aussi les notes intermédiaires qu'il chante ne sont pas sans analogie avec les sons que supposent les commas ou divisions d'un ton en neuf parties.

Sous le rapport de la période, le chant de l'oiseau n'est pas encore sans ressemblance avec le nôtre. Il se compose de notes qui forment un ensemble musical et qui sont bien l'expression du sentiment éprouvé. Il présente parfois des particularités remarquables, la douce succession des notes espacées seulement d'un comma, d'un demi-ton ou d'un ton, les effets de transition de quarte, de quinte, sixte et octave, l'agréable cadence du battement en forme de trille, le brillant de la roulade, le scintillement de la note d'agrément, les assemblages originaux et rhythmés pour composer les phrases, la sérénité du récit, la poésie des sons, le charme de la mélodie.

Entre les chants qui se font entendre sur un même point, il n'y a qu'une simultanéité de sonorité agréable

à l'oreille. Quand on est attentif, on remarque avec beaucoup de plaisir, d'abord l'absence de notes fausses et
de cacophonie, ensuite des chants variés et échelonnés
sur une étendue de cinq octaves, ayant pour base la
gamme de diapason, des effets d'accords, de duo, de trio,
de quatuor, de symphonie et même des timbres plus
nombreux que dans un orchestre, et toujours des manifestations variées et une exubérance de joie.

La flexibilité des organes de la voix a permis à chaque homme d'avoir un timbre particulier. Par des raisons analogues, le timbre de la voix des oiseaux est très
varié, selon les espèces et même selon les individus. Le
martinet pousse des cris perçants comme ceux que l'on
obtient en soufflant dans une clef forée. Le héron gris a
des notes stridentes et timbrées, comme celles de la
trompette. Celles de l'hippolais et de la rousserolle sont
accélérées comme celle du biniou. On remarque dans le
rossignol les douces et pénétrantes vibrations du hautbois unies aux accents émus de la voix. Avec la tourterelle, le coucou et le ramier, nous entendons des sons
veloutés et doux comme ceux de la flûte. — Indépendamment de ces timbres principaux, il y en a encore
d'autres bien caractérisés. Qui ne connaît les gros éclats
de voix du corbeau? Le merle et le loriot ont des notes
sifflées, qui ne sont pas sans analogie avec les sons cris-
tallins du flageolet. La note du pinson rappelle par son
éclat la clarinette. Le héron-butor fait penser à la contrebasse. Enfin chaque espèce d'oiseau a un timbre particulier qui se ramène à certain type. Les cris, à raison
de leur extrême acuité, peuvent être entendus de très loin
et dans des milieux peu sonores ; en passant à travers les
draperies de la végétation, ils deviennent doux à l'o-
reille. Il en résulte donc pour les concerts de la nature,

une grande variété de sons ; ces effets d'ensemble changent d'ailleurs beaucoup suivant l'heure de la journée et le cours des saisons.

Le langage de l'oiseau est concis sans surcharge, clair sans confusion et partout identique dès le commencement. Certains oiseaux ajoutent un peu de chant à leur langage ; souvent même ils ne font que chanter. Dans ce chant ils mettent de la brièveté, de la netteté, mais aussi une grande richesse d'expression. L'oiseau a un air particulièrement en rapport avec ses sentiments ordinaires ; cependant il le varie et l'accentue d'amusantes façons pour mieux exprimer ses impresssions différentes. Ainsi l'alouette, au printemps, met dans son chant, un peu plus de passion, et un peu plus de sérénité à la fin de l'été. Le chant de la fauvette à tête noire n'a pas non plus en autonme l'ardeur qu'il avait au printemps. Les nuances nous échappent ; nous savons toutefois que le même air, avec quelques inflexions, peut exprimer les plus grandes choses. Un chant simple, mais échauffé, produit des effets d'une très grande puissance.

Ces espèces de chanteurs sont en petit nombre ; on n'en compte qu'une trentaine ; ils sont en quelque sorte les délégués des autres pour être les chanteurs de la création. La femelle étant chargée du soin de la famille, cette fonction musicale échoit surtout au mâle.

Le chant des oiseaux est premièrement l'expression du plaisir et du bonheur ; par ses nuances, il fait entendre qu'il en est le mobile principal. De ces nuances, il en est une qui est manifeste pour tout le monde, c'est celle qui a pour objet la plus intime des unions, celle de la famille ; elle débute par la joie des fiançailles, se continue par celle des noces, finit par celles de la paternité, de la maternité et de l'amour filial. — Les pontes se renouvelant, les chants se continuent pendant les quatre mois du printemps.

Le plaisir de la société est aussi goûté entre individus de même espèce et même entre espèces différentes.

Le lieu qui se trouve départi à un oiseau pour sa naissance ou sa résidence habituelle, lui offre encore un attrait spécial. Il goûte même les plaisirs du beau. Soumis à des éliminations régulières, il apprécie d'autant plus les bienfaits de la paix. Eliminateur il adore la chasse, il se complaît à la cueillette. Comme tous les animaux, il est très sensible au bien-être.

Le chant de l'oiseau est donc l'efflorescence du cœur, l'écho des joies les plus nobles, la proclamation des grandeurs de la création et de la haute destinée de l'homme.

Or, la vérité pour sortir des sphères de l'abstraction, avait besoin d'un langage approprié à notre faiblesse : il lui fallait une forme sensible ; mais la plus belle qu'on pût imaginer ; et la beauté a été créée. De là l'harmonie des formes et des proportions, les brillantes couleurs, la suavité et la pénétration du son. Chaque partie du globe a eu ses manifestations providentielles. Au soleil des tropiques ont été donnés, pour cortège, les diamants de la végétation, les oiseaux chargés de pierreries ; dans la douce température de notre France, nous possédons, comme autant de lyres suspendues entre le ciel et la terre, les premiers rois du chant ; nous avons le privilège d'entendre souvent les notes perlées du rossignol, l'hymne de l'alouette et les chœurs magnifiques de l'air.

Le beau dans la nature, c'est le verre grossissant qui rend appréciable la destination des choses, qui rend visible l'immatériel. C'est le miroir dans lequel se reflètent les splendeurs de l'infini et les grandeurs de Dieu.

Le chant, c'est le sublime dans le beau, parce qu'il est l'expression de la foi, de l'espérance et de l'amour; c'est la fleur au cimetière, l'étoile dans la nuit, dans l'isolement une voix amie, le prélude des harmonies éternelles.

A ces généralités sur le langage et le chant des oiseaux, — généralités que j'analyse d'après le travail de M. Lescuyer, — notre savant ajoute des études sur les types et variétés du chant. Comme échantillons de causeries et cris, il présente le moineau, le martinet et l'hirondelle rustique. Pour les cantates, il appelle le grimpereau, la sittelle, la rubiette-tithys, la fauvette babillarde, le bruant jaune, l'hirondelle rustique, le pinson et le chardonneret. Pour l'imitation, il étudie, comme chanteur d'opéra comique, l'étourneau. Enfin, sur le chapitre de la mélodie, nous voyons se succéder à la représentation, l'alouette des champs, la rousserolle, le loriot, le merle, le rouge-gorge, le troglodyte, la fauvette à tête noire, la grive et le rossignol. J'ai dit *représentation*, car, en étudiant ces variétés, l'auteur ne se préoccupe que de l'exactitude : peu soucieux des effets purement littéraires, il s'applique à rendre, autant que la langue humaine le permet, le langage et le chant des divers oiseaux. En le lisant, on comprend, on voit, ce que l'oreille pourrait entendre.

« Qui n'entend qu'une cloche n'entend qu'un son. » La comparaison est nécessaire, quand on veut porter un jugement sur l'harmonie et la cacophonie, le dessus et la basse d'un concert. Ce qui est vrai pour le son, l'est pour la voix. Pour apprécier les chants de l'oiseau, spécialement sous le rapport de l'élévation et de l'étendue, il faut établir des comparaisons. Fidèle à lui-même, notre savant, après avoir constaté, en particulier et en général, le langage et le chant des oiseaux, veut en rendre scientifiquement raison. Pour atteindre à ce but, il s'arrête à une conception très originale, mais aussi péremptoire. Sur une colonne, il dresse la succession des gammes déterminables au moyen de la roue dentée de Savard. A gauche de cette colonne, il range tous les instruments de musique, savoir : 1° les instruments à percussion, le gros bourdon de Notre-Dame, la grande et la petite timbale et les carillons ; 2° les instruments à soufflerie mécanique l'orgue à tuyau et l'harmonium ; 3° les instruments à cordes *frappées*, comme le piano ; *pincées*, comme la harpe et la guitare ; et *frottées*, comme la contrebasse, le violoncelle, l'alto et le violon ; 4° les instruments à vent en *cuivre*, comme l'ophicléïde et la trompette ; et en *bois*, comme la flûte, le cor anglais, le hautbois, la musette, la clarinette et le flageolet. Chacun de ces instruments est rapporté à la colonne des sons déterminables dans toute son étendue, c'est-à-dire de sa note la plus basse à la plus élevée. A gauche de la même colonne sont échelonnés les oiseaux chanteurs depuis la corneille jusqu'au roitelet. Par un simple coup d'œil vous voyez quel être, dans la nature, fait la basse, le baryton, le ténor, le contralto et le soprano : vous avez le classement de tous les musiciens emplumés. — La voix des oiseaux a d'ailleurs, presque toujours, beaucoup moins d'étendue que la voix humaine ; mais elle a souvent à la fois la sonorité des instruments de musique, la flexuosité de la voix, des nuances qui, par leur rapidité, leur finesse, sont presque insaisissables : c'est pour ce motif qu'il est à peu près impossible de les bien imiter.

Jusqu'ici, pour faire comprendre les études de notre ornithologue, sur le langage et le chant des oiseaux, je me suis borné à l'analyse de son travail. Maintenant, pour faire comprendre la variété des concerts, leur programme, les débuts, les accompagnements, la symphonie nocturne et diurne, je procède par voie de citation. Je ne suis pas un grand docteur, mais si j'en crois mon goût, ces pages sont des chefs-d'œuvre d'éloquence.

Nous sommes au 15 janvier. « La température de la nuit est descendue à zéro. Il est huit heures du matin. Dans la plaine on n'entend que des cris de corbeaux freux. Des alouettes partent quand on passe près d'elles, mais en lançant seulement quelques notes. Sur la lisière de la forêt, deux bruants jaunes qui ne disent pas un mot. J'entre dans un bois de futaie, et, si ce n'était un grimpereau, je serais dans une complète solitude. Des troncs d'arbres gros, grands et nus, des cimes ressemblant à des têtes de vieillards. Toutes les feuilles sont tombées depuis longtemps et leurs éliminateurs, les insectes, ont pris leurs quartiers d'hiver dans les mousses, dans les herbes et dans la terre. Alors le bois ressemble au chantier d'où les ouvriers sont sortis, à la cage sans chanteur. J'arrive dans les taillis de cinq, de six et sept ans. Alors apparaissent des mésanges et avec elles la vie et la joie. Sur les branches les plus flexibles, près des mousses et des lichens, elles frétillent, travaillent et chantent.

» Tout indique qu'elles appartiennent à la plus intéressante légion des serviteurs de l'homme, à celle des éliminateurs ailés. Elles sont restées pendant l'hiver, parce qu'elles sont vigoureuses, qu'elles savent fureter partout et découvrir, pour s'en nourrir, certains insectes qui ne sont pas enfouis dans la terre.

» Pour toucher le cœur de l'homme, il leur a été accordé, ainsi qu'à beaucoup d'autres oiseaux, les séductions de la gentillesse, de la forme, des couleurs et du chant. Toutes sont petites et mignonnes. La nonnette a le modeste costume gris et la coiffe de la religieuse ; mais la mésange noire a ses teintes grises rehaussées de noir vif et de blanc pur ; et la charbonnière étale, au milieu d'aussi éclatantes couleurs, sa large poitrine jaune ci-tron ; la mésange à longue queue, la plus petite de toutes, se grandit dans une robe à longue queue soyeuse ; la bleue est ornée d'une toque et d'un mantelet bleu d'azur ; la huppée dresse fièrement son panache et la mésange moustache porte des moustaches aussi noires que longues.

» De ces espèces d'oiseaux, deux ne sont pas sédentai-res. Celles que nous rencontrons le plus souvent sont la mésange à longue queue, la charbonnière et la bleue. En plein hiver, par la pluie, la gelée, la neige, elles ap-paraissent à l'extrémité des branches, comme les fleurs dans les massifs. De plus et toujours elles causent ou chantent. Ah! sans doute, elles ne sont pas les émules du rossignol ; mais il est de l'essence des grandes et belles choses d'être multiples et variées dans leur unité : c'est par ces caractères que se révèle la sublimité de la nature.

» Or, les mésanges qui travaillaient et sautillaient de-vant moi, jetaient au vent des notes détachées les unes des autres, mais souvent répétées, sonores, vibrantes comme celles de l'épinette des Vosges. Une mésange charbonnière d'une brillante coloration, vive et ardente, semblait faire jaillir les sons d'une mandoline espagnole et même d'une cithare grecque, et, après d'énergiques pizzicati, elle répétait un refrain aussi chaleureux qu'ad-mirablement timbré. Alors cette musique d'accompagne-ment me semblait une première annonce de la reprise prochaine des grands travaux, un prélude des concerts du printemps. Dernier écho de l'année passée ou prélude de l'année présente, elle perpétuait les merveilleuses symphonies de la belle saison. » (Pag. 105.)

Du 15 janvier nous passons au 12 février. « Ce jour-là, le soleil s'est montré chaud et radieux ; il a infusé une nouvelle sève à notre terre engourdie par l'hiver ; il a ranimé toutes les espérances ; comme un chef d'orchestre, il a commandé de célébrer à nouveau les gloires de l'Eternel. A son signal et sur d'immenses régions, des milliers de voix se sont fait entendre. Les pinsons, qui, jusqu'alors s'étaient contentés de monosyllabes, ont redit leurs joyeux refrains ; cependant leur voix n'avait ni sa pureté, ni son éclat ordinaire ; leurs périodes étaient embarrassées et incomplètes. Le bruant jaune manquait sa finale ; le merle lançait ses exclamations et déclamait plutôt qu'il ne chantait ; la grive ne donnait que des fragments de son grand air. Les musiciens étaient peu nombreux ; dans les dessus et dans les bases de l'harmonie, il y avait des lacunes sensibles. A vrai dire, ce n'était pas encore un concert ; c'était une étude, une répétition ; mais chaque musicien ne pouvait s'en croire d'avoir retrouvé son instrument et de pouvoir s'en servir pour exalter sa joie. » (Pag. 108.)

L'année avance. Très souvent on entend à la fois plusieurs oiseaux. Leur variété de timbre, de langage et de chants donne lieu à des effets d'ensemble plus remarquables. On n'écoute pas et on n'étudie pas cette curieuse harmonie sans que l'oreille, l'esprit et le cœur éprouvent de véritables jouissances ; et parfois de grandes vérités sortent du mystère pour éclairer l'âme. Les lieux les plus favorisés pour entendre ces concerts sont ceux où il se trouve de l'eau, des plaines, des bois et des productions très diverses, parce que les types les plus variés des chanteurs s'y rencontrent. Notre auteur note la date exacte où se reprennent tous ces concerts.

Nous voici au 1er mai. « Nos derniers chanteurs sont

arrivés. Après avoir vocalisé pendant plusieurs jours, ils ont retrouvé leur répertoire, leur puissance et leur éclat. En ce moment tous ces artistes portent leurs plus belles parures. Les orchestres sont au complet. Partout et à l'improviste, on n'entend que causeries, cris, déclamations, cantates, mélodies, imitations, accompagnements variés et entraînants, solos, duos, trios, quatuors, dans des gammes égales ou très supérieures à la voix humaine. Toutes les nuances de sonorité et d'expression, de gais refrains, des chants simples et gracieux, brillants et perlés, de doux murmures, des élans passionnés, des psalmodies et des hymnes. — Cette symphonie pastorale et religieuse commence avant le jour et finit avec lui. — Oh vous qui êtes les heureux du monde, venez dans cet Elysée, sous des ogives de verdure, sur des tapis de fleurs. L'atmosphère est embaumée, le soleil est radieux ; jamais les concerts de la plaine et des bois n'ont été plus sympathiques ; ils dilatent le cœur, épurent et ennoblissent la joie. — Et vous tous, qui avez été visités par l'épreuve du malheur, vous les victimes ou les témoins attristés de la bassesse et de la méchanceté des hommes, vous qui pleurez sur la tombe d'une mère ou d'une fille, accourez aussi ; le chant des oiseaux, c'est une voix mystérieuse de l'infinie bonté qui vous dit : Espérez toujours. » (Pag. 115.)

Nous arrivons au solstice d'été. Pendant les belles nuits de nombreuses voix s'élèvent sans cesse ; notre auteur va nous en décrire le concert.

« Mon thermomètre marque quatorze degrés centigrades, la nuit est splendide, le calme plat. Les reflets brillants et argentins de la lune me permettent d'écrire en gros caractères les notes nécessaires à mon récit ; mon ombre se projette très distinctement sur le sol, la lueur phospho-

rescente du lampire apparaît à peine. La surface de l'é-
tang miroite.

» Les grillons qui semblent chargés de porter la voix au
nom de tous les insectes de la plaine, ne cessent de crier;
leurs cris partout entendus et continuellement répétés
depuis la chute du jour, les uns perçants, les autres
adoucis par l'éloignement, animent la solitude.

» J'arrive près des eaux dormantes et alors des sons vibrants et articulés comme la voix humaine se font entendre. Quelques minutes d'accalmie sont suivies d'un vigoureux et long crescendo, au milieu duquel se distinguent des
basses et des barytons. Ces coassements, par leur variété
et leur énergique expression de contentement, semblent
mettre et tenir en mouvement tous les muets de l'onde.

» Des sauts de carpe, des sillages impétueux de
brochets, annoncent que beaucoup sont à leur poste de
travail. Le bruit diminue-t-il, les crapauds en profitent
pour donner leurs notes les plus pures et les mieux
flûtées.

» Mais tous ces bruits et sons auxquels s'ajoutent
bientôt les gazouillements d'hirondelles rustiques, remi-
sées et perchées sur les roseaux, ne forment qu'un fond
d'harmonie sur lequel éclatent les chants des rousserolles
effervattes vibrants comme les airs de la musette, ils se
modèrent et s'adoucissent comme l'écho. La note d'agrément, la cadence, les gracieux coulés, les staccati, la vigueur de l'attaque, les transitions de tierce, de quarte, de
quinte et de sixte, leur donnent une énergique expression de passion et de joie.

» Mais c'est sur l'étang qu'il faut se transporter pour
retrouver en grand cette aquatique harmonie. Dans cet
asile si cher aux diptères, les rousserolles effervattes eussent été insuffisantes et elles sont remplacées par les

rousserolles turdoïdes. A sept cents mètres de la chaussée, je les entends déjà très distinctement.

» Arrivé près des roseaux, je me retrouve en plein concert ; cris de grillons de la plaine, coassements de grenouilles, sonnerie de crapauds, éclats de voix de la poule d'eau et de la morelle, caquetage des canards, chants saccadés des rousserolles turdoïdes, semblables à ceux de l'effervatte pour l'originalité et plus remarquables encore par la fougue et les notes puissantes, acérées et stridentes. Rien ne manquait de ce qu'il faut pour rappeler la grande loi du travail et les joies qui en adoucissent l'amertume.

» J'en étais là de mes observations, quand une alouette s'éleva dans les airs, il était deux heures et quart. A ce signal, toutes les alouettes s'élancèrent et en quelques minutes elles formèrent autour de l'étang une auréole de chants. Un rossignol d'un bosquet voisin, qui, depuis le crépuscule, s'était rarement interrompu, quoique en écoutant ses périodes, redoubla d'ardeur et donna un nouvel éclat à ses solos. Bientôt des fauvettes ajoutèrent leurs mélodies. Ainsi sonna le réveil des chanteurs des bois, de la plaine et des eaux. Tous semblaient dire :

» Oh ! voyageurs qui vous êtes attardés, faucheurs qui arrivez à la prairie, annoncez à ceux qui dorment, que même la nuit, au marais, des ouvriers de la Providence travaillent sans relâche pour eux.

» Le jour vint, le soleil empourpra l'horizon. Des noctulles passèrent près de moi cherchant pour le jour une retraite. En retournant à son trou, une chouette chevêche épancha ses accents langoureux, l'étang sortit des vapeurs qui l'embrassaient et je vis les roseaux étaler leur luxuriante verdure, leurs feuilles couvertes des perles de la rosée. Près d'eux se dressaient d'admirables phellandries

chargées d'ombelles blanches. Les rives de la chaussée
étaient garnies de joncs aux fleurs rosées et élégantes. Sur
la bordure des champs apparaissaient des fleurs et des
bouquets richement colorés de seneçon, de mille-feuilles,
de bluet, de grande marguerite, de scabieuse, de gaillet,
de lin, de silène, de serpolet, d'ibéris et de coquelicot.

» Et la brise matinale apportait le parfum des foins. »
(pag. 116.)

Je ne pense pas que Buffon, le naturaliste poudré,
Rousseau et Chateaubriand, les deux magiciens du
style pittoresque, aient de plus belles pages. Quant à
l'utilité de ces études, elle ressort de leur nécessité même
pour mieux déterminer le nombre des espèces, la nature,
la durée et la répartition de leur travail. Par ces études, on élargit d'ailleurs les horizons de la vie spirituelle;
on augmente les jouissances de l'oreille, de l'esprit et
du cœur; on comprend mieux l'unité et la diversité des
beautés de la nature, tous les grands sentiments dont
le chant est le moyen d'expression. Par leurs analogies et
leurs contrastes, les musiques des hommes et des
oiseaux se font mieux apprécier. La simple audition du
chant des oiseaux est le secret d'embellir à bon marché
la vie. Faite dans la nature, cette étude est indispensable
à l'ornithologue; car pour l'appréciation de certains
faits, les collections sont insignifiantes, les livres insuffisants et les cages trop imparfaitement pourvues. Enfin
de pareilles recherches fournissent de nouvelles raisons
d'admirer, d'aimer et de protéger les oiseaux. Telle était,
à cet égard, la conviction de notre auteur qu'il a voulu
noter le chant de plusieurs oiseaux et se constituer le
traducteur musical de leurs ravissantes mélodies. Cette
traduction est fort heureuse; elle montre en quoi l'étude
de la nature peut enrichir l'art divin de la musique.

VII

FORME ET COLORATION DES OISEAUX

En suivant l'ordre logique, après avoir parlé du langage et du chant des oiseaux, nous devons parler de leur forme et de leur coloration. C'est l'objet d'un opuscule de cinquante pages in-8°, publié, en 1883, dans les mémoires de l'académie nationale de Reims. On voit, par cette progression comment, dans la pensée profondément philosophique et parfaitement expérimentale de notre auteur, les problèmes appellent les problèmes et les solutions premières préparent on font pressentir d'autres solutions. Nous avons étudié la place des oiseaux dans la nature ; nous avons vu l'architecture des nids et ses harmonies merveilleuses ; nous avons appris comment les oiseaux se classent, s'acclimatent, émigrent et se défendent contre les intempéries des saisons ; nous avons prêté l'oreille à leur langage et à leur chant dont notre ornithologue a déchiffré les hiéroglyphes avec autant de savoir que d'éloquence ; nous avons maintenant à nous enquérir, à l'école de M. Lescuyer, de la coloration et de la

forme des oiseaux. Nous voilà bien loin des trente pages
de Buffon sur les cinq sens de la gent ailée.

Sans le langage des formes et des couleurs, l'homme,
malgré la clarté du jour ne pourrait rien distinguer ni
savoir aisément de quoi il peut tirer profit. Aussi Dieu
a-t-il donné, surtout aux végétaux et aux animaux, un
organisme dont les formes extérieures constituent un
langage simple et universel. Grâce à ce langage muet,
chaque être indique, par son aspect, qu'il a une fin déterminée et qu'entre cette fin et sa constitution, il existe
une corrélation nécessaire ; s'il a plusieurs fins à atteindre,
elles ne sont pas moins clairement manifestées par sa
forme. Dieu ajoute encore, à la forme, la grâce et la
beauté. Alors la beauté, transfigurant la forme, ne pro-
clame pas seulement les diverses fins des êtres, elle célèbre encore la puissance, la sagesse et la bonté de Dieu.

L'oiseau a eu grande part dans cette distribution de la
grâce et de la beauté. Si l'homme s'était mis en demeure
de le créer, en ne se préoccupant que de l'utilité et du bon
marché, il est plus que probable qu'il aurait cherché
l'idéal de l'oiseau dans les régions basses. « L'oiseau
aurait pu, dit M. Lescuyer, comme réservoir à ébullition, à
décomposition chimique, à distillation continue, n'être
qu'une cornue ou sac garni à son entrée d'une pince
servant de préhenseur, et à la sortie d'un système d'é-
coulement quelconque ; en tant que corps ambulant res-
sembler à une pierre qui roule, à une balle qui traverse
l'air ou l'eau, ou à un animal rampant. Mais Dieu est
plus qu'un artisan, c'est un artiste incomparable, et
l'oiseau est, par sa beauté, l'antipode des vulgaires con-
ceptions qui naissent dans l'esprit de l'homme, dont les
inventions s'étalent chez les quincaillers et dans les
enceintes des expositions agricoles. Le sac à décomposi-

tion continue, si réfractaire à la poésie, qui est l'appareil principal de l'élimination et aussi la raison d'être de l'oiseau, est dissimulé dans une enveloppe moelleuse et chaude, ayant des formes bien arrondies et surtout les gracieux contours de l'ovale pour pénétrer facilement et n'être pas pénétré. [1] »

Sur quoi notre auteur reprend plus en détail, cette analyse des organes de l'oiseau, qu'il avait déjà présentée sommairement dans les *Harmonies de la nature*. Le bec, le cou, les pattes, les ailes, les formes extérieures, l'organisme sont tour à tour interrogés et viennent révéler tous les mystères de leur constitution. Il faut avoir observé longtemps l'oiseau, il faut l'avoir observé en profond philosophe, pour expliquer si savamment tous les secrets de ses organes. Je ne crois pas que personne ait pénétré aussi avant dans les arcanes de la nature : M. Lescuyer est l'Hermès de l'ornithologie.

Je voudrais pouvoir citer abondamment ces modèles d'analyse démonstrative. Dans l'embarras du choix, je citerai seulement quelques mots sur les deux principaux organes de l'oiseau, le bec et les ailes.

« Le préhenseur est devenu le bec rigide et brillant comme l'acier, pointu à son extrémité, avec une courbure généralement peu accentuée, de telle sorte qu'il perce comme la flèche, retienne comme le crochet, élargi à la base, divisé en deux parties ou mandibules très tranchantes, se superposant à la façon des branches d'une pince, et s'entr'aidant encore d'une langue à pointe aiguë et cornée. Grâce à sa forme, plus ou moins triangulaire, selon les espèces, cette pince se trouve élargie progressivement de la pointe à la base, de ma-

---

1. *Mémoires de l'académie de Reims* pour 1882, p. 94.

nière à saisir et à comprimer également bien la graine
et l'insecte de très petite taille et toute matière ne dépassant pas en proportion l'entrée du gosier.

» Cet instrument est plus ou moins large à la base,
long, grossi surtout en hauteur, selon le genre d'industrie que chaque espèce a à pratiquer. »

» C'est ainsi qu'il sert de trappe à l'engoulevent, de
fouilleuse à la bécasse, de casse-noix au gros-bec.

» Chez quelques oiseaux, comme le canard et surtout
le souchet, la pointe est élargie de manière à former, à
l'instar d'une mâchoire, un réservoir d'où sont rejetées
presque aussitôt que capturées les matières immangea-
bles. Grâce à sa longueur, le bec saisit, à une certaine
distance du gosier, une substance, qu'il y attire aussitôt
par la force de l'aspiration et des contractions de ses
muscles intérieurs, ceux surtout de la langue ; il se
trouve donc de cette façon que le bec fait office de bras
et de main.

» Quelquefois le bec est garni d'échancrures et même
d'une dentelure de scie, dont les pointes, dirigées d'a-
vant en arrière, retiennent surtout de côté les proies
glissantes, comme le poisson. Manié par un cou qui a
la souplesse, l'énergie et la précision du serpent, ce bec
sert de main, d'outil et d'arme; l'oiseau l'utilise tout à
la fois pour saisir, pour perforer et pour écraser; par
rapport aux yeux, il est braqué comme le canon d'un
fusil, il ne rate pas et fait mouche à tout coup.

» Le bec, par suite des usages qu'en fait l'oiseau, devait naturellement se salir et produire alors un effet
d'autant moins satisfaisant qu'il est très en évidence ;
mais, grâce à sa forme conique et à la corne dont il est
composé, il est facile à nettoyer. L'oiseau, qui est à la
fois le plus propre et le plus beau des animaux, le lave

et surtout l'essuie sur l'herbe, sur la pierre ou sur le bois. Pour pouvoir travailler à l'aise et sans se salir en fouillant les entrailles de sa victime, le vautour a la tête et quelquefois le cou dégarnis ou seulement recouverts d'une espèce de duvet. » (Pag. 94.)

Il y en a une page encore sur l'économie providentielle du bec. Sur le cou, complément du bec, je cite ce seul mot :

« Le cou, dans lequel est implanté le bec, est chez les échassiers très long, et chez les autres oiseaux assez long pour servir de bras ; chez tous il semble, par sa souplesse et son énergie, être fait de caoutchouc et d'acier ; mais, dans ses plus grands écarts en avant ou en arrière et de côté, il s'étend et se déroule sous les formes les plus charmantes. Pour se faire une idée de ces gracieuses ondulations du cou, il suffit d'entrer dans une basse-cour ; si l'oiseau n'a pas comme le singe, des bras, qui du reste, gêneraient, il les remplace par son cou à nombreuses articulations ; grâce à cette espèce de bras, il extrait à distance, avec plus de dextérité qu'un dentiste, la graine qui se dissimule dans une alvéole et sous la feuille, le pou qui fuit dans ses plumes, l'œuf d'insecte que le vent roule dans le sable. » (Pag. 98.)

Nous ne dirons rien des organes de locomotion, dont l'étude n'est pas moins remarquable. Mais rien n'est comparable au privilège que l'oiseau a de se créer si facilement dans l'espace, au-dessus des obstacles du sol, une surface d'appui d'air partiellement comprimé, suffisamment résistant et qu'il *sous-pose* à son corps par l'action du battement des ailes.

« Cet air comprimé et résistant aurait dû, s'il ne s'était agi que d'un simple parachute, former une surface circulaire, correspondant directement par son milieu au centre de gravité du corps suspendu ; mais pour tous les équilibres nécessaires à l'oiseau, il fallait avant tout tenir compte de la forme de son corps.

» En fait, les deux ailes et le corps qu'elles soutiennent couvrent une surface d'air comprimé d'une forme oblongue sensiblement rétrécie à l'avant et à l'arrière ; mais à l'arrière il se trouve un appendice des ailes, appelé queue, dont les plumes s'étalent de façon à remplir le vide qui sépare les ailes à leur base. Ces plumes, en raison de ce qu'elles sont tout à la fois longues, raides et flexibles, rétablissent facilement l'équilibre d'arrière en avant ; d'un autre côté, l'échancrure dans laquelle se trouvent la tête et le cou est peu accentuée ; d'ailleurs, le cou se replie de telle sorte que le poids de la tête se porte, quand il le faut, vers le centre de gravité du corps, ce qui se voit très bien chez le héron quand il vole. Les ailes se mettant à battre avec inclinaison plus ou moins prononcée d'avant en arrière, la chute s'accentue et se prolonge à l'aide de la vitesse acquise. Il s'ensuit que l'oiseau, après s'être élevé et projeté par l'action de ses rames, glisse ensuite comme la voile. Chez certains oiseaux, le milan par exemple, cette manière de glisser est fréquente, et on les nomme pour cette raison des *voiliers*, à la différence des *rameurs*, comme le faucon-pèlerin, qui avance surtout à force de battements d'ailes.

» La base de chaque aile, à son point de départ du corps, sert surtout à la compression de l'air ; à son extrémité elle est destinée à produire la projection en avant et en hauteur ; aussi les grandes plumes de l'aileron, faisant fonction de rames, sont-elles implantées sur une espèce de main terminale que les savants appellent carpe et métacarpe, et sont-elles manœuvrées avec habileté. Quand l'oiseau doit aller lentement, la pointe de l'aile a une forme arrondie ; si, au contraire, il doit aller vite ou par sinuosités, la pointe de l'aile est aiguë. A ces deux formes principales des ailes se rattachent de nombreuses variétés qui sont appropriées aux exigences de la locomotion aérienne de chaque espèce.

» Aussi les grands voiliers, comme les hirondelles et les sternes, qui ont le vol haut, soutenu, rapide et souple, afin qu'ils puissent trouver, poursuivre et saisir dans les airs les nombreux insectes dont ils ont besoin pour vivre, ont des ailes longues et progressivement très aiguës. Les ducs et les chouettes, au contraire, qui doivent pouvoir surprendre, leur proie dans l'ombre et le silence, ont un vol lent et silencieux et chez eux la pointe de l'aile est sensiblement arrondie.

» Cette forme aiguë ou arrondie s'accentue surtout à partir de l'articulation de l'aileron.

» Les différentes parties de l'aile servent naturellement à déterminer les aptitudes des espèces et le genre d'élimination auquel elles se livrent.

» Par ces particularités d'organisme on comprend que l'oiseau s'élève, se soutienne et se dirige dans les airs ; mais ne doit-on pas encore expliquer autrement la facilité avec laquelle il exécute ses évolutions.

» C'est là une question qui a été souvent posée, et nous nous sommes demandé, comme beaucoup d'autres, si l'oiseau ne s'aide pas sensiblement de l'air raréfié qu'il emmagasine dans son corps, surtout pendant l'action du vol. Cet air circule dans des sacs reliés entre eux comme les grains d'un chapelet et communique aux os très creux des ailes et aux petits tubes en substance cornée dont les plumes sont garnies à leur base.

» Il se trouve ainsi, par exemple, que chez le dindon
il y a cinquante sacs, plus l'humérus, les radius et cu-
bitus qui sont creux ; j'ai aussi compté, sur un héron
gris, 13,748 plumes, dont 633 grandes et moyennes,
qui sont autant de ballonnets. Il y a donc des oiseaux
qui disposent, pour se soutenir en l'air, d'environ 14,000
ballonnets.

» Si les tubes des petites plumes forment des ballonnets minuscules, les deux réservoirs abdominaux du
dindon ont chacun en moyenne une longueur de
0,074 ^{m}, une largeur de 0,04, une profondeur de 0,015.
Même en hiver, quand il y a un écart important entre
la température de l'air ambiant et de l'air chauffé de
l'oiseau, la différence de densité qui s'ensuit n'est pas
de nature à expliquer son ascension à la façon d'un bal-
lon ; mais remarquons-le, quand les battements d'ailes
déterminent sous le corps un point d'appui, et ainsi un
parachute, il se produit également et instantanément
au-dessus et par l'effet de l'air chauffé dans les réservoirs
intérieurs un autre mouvement correspondant de parachute sinon d'élévation ; alors, de la combinaison de ces
deux forces, la compression et la raréfaction de l'air,
il résulte pour l'oiseau un allégement plus sensible.

» Enfin, quand la compression par les ailes cesse,
leur mouvement se prolonge par suite de la vitesse
acquise ; dans cette circonstance, le moindre ébranlement occasionné par les ballons intérieurs peut l'aug-
menter encore. » (Pag. 99.)

Après cette étude générale sur l'organisme extérieur
de l'oiseau, M. Lescuyer, prenant le moineau comme
type, étudie successivement, pour marquer les différences, toutes les espèces. Les passereaux, granivores, insectivores de petite taille, grimpeurs, grands voiliers, les

colombiens et gallinacés ; les échassiers, les palmipèdes et les oiseaux de proie se réfèrent successivement au type primitif et accusent, par les différences, la raison d'être de leur conformation. En étudiant chaque espèce à la loupe de la science, la fonction de l'oiseau ressort de son organisme ; entre la forme et le but, il y a constance de rapport et proportion mathématique, exprimable par des chiffres. En résumé, un préhenseur faisant fonction de bras, de main et de bouche, un distillateur à haute température et à fonctionnement continu, une locomotive apte à tous les déplacements sur terre, dans l'eau et dans l'air, montrent que l'oiseau est un des régulateurs des éliminations végétales et animales. Dans beaucoup de circonstances, s'il peut être sacrifié comme individu, il est donc dans l'ordre de maintenir toujours les espèces.

A l'expression des formes s'ajoute le langage des plumes. Je cite encore notre auteur, sans craindre l'abus des citations. Encore que je puisse, par voie d'analyse, faire comprendre la suite de ses idées, j'ose dire que par citations, il est plus facile d'apprécier l'égale solidité de son style et de sa science.

« Les plumes qui recouvrent l'oiseau, dit-il, plates et élargies comme des ardoises, à la fois rigides et souples, sont si bien étagées et graduées, qu'au lieu de l'enlaidir, à la façon des oiseaux empaillés et mal rembourrés, elles adoucissent au contraire les saillies formées par les muscles et les tendons, qui se groupent et s'entrecroisent des pieds à l'extrémité des ailes et de la tête à la queue : de plus, par leurs gracieuses ondulations, elles font ressortir la merveilleuse unité des parties qui, sous le couteau de la cuisinière, se détachent d'un rôti.

» En étudiant la répartition des plumes sur les différentes parties du corps de l'oiseau, on constate avec admiration qu'elles fournissent une fourrure indispensable en raison de la température si élevée de son sang, qui atteint, chez quelques espèces, 43 degrés 9 dixièmes, et qu'ainsi revêtu, l'animal pénètre et glisse dans les airs, les eaux et les fourrés sans avoir à redouter les chocs meurtriers.

» La coloration de ces plumes contient beaucoup d'autres enseignements.

» Il suffit d'ouvrir les yeux pour constater que notre monde a été embelli de toutes les couleurs prismatiques de l'arc-en-ciel.

» Les rayons du soleil sont étincelants d'or, le ciel a été décoré de teintes bleues, les plantes de nuances vertes, leurs fleurs des couleurs les plus riches et les plus variées ; en un mot, la couleur est une distinction et une parure que le Créateur a répandue à profusion dans la nature et qu'il n'a refusée à aucune de ses œuvres, pas plus à l'insecte qu'à l'étoile. C'est assez dire que les oiseaux ne devaient être laissés ni incolores ni unicolores. Ils devaient être d'autant moins oubliés qu'en raison de ce qu'ils perchent et qu'ils volent, ils sont d'autant plus en évidence.

» Remarquons-le d'abord, la coloration d'un objet quelconque produit des effets, non seulement par elle-même, mais encore en raison des teintes générales du milieu dans lequel elle se produit et avec lequel elle est appelée à s'harmoniser. Dans nos pays tempérés, où la lumière du soleil n'est ni trop éclatante ni trop constante, et où les sombres couleurs de l'hiver se montrent si longtemps, il ne fallait pas que des couleurs trop vives missent les oiseaux trop en évidence.

» D'un autre côté, il importait qu'elles fussent assez variées pour indiquer le plus souvent au moins l'espèce, le sexe et l'âge, de même que les variétés de formes et de bec indiquent le genre.

» C'est par application de ce principe que les oiseaux et les papillons de nuit ont reçu des couleurs très ternes ; que le lagopède et l'hermine, qui sont roux en été, endossent la robe blanche quand vient la saison des neiges ; de là encore les teintes grises, qui sont dominantes chez nos espèces d'oiseaux, surtout en hiver [1]. »

Ces couleurs sont, en général, immuables ; cependant on remarque des dérogations différentes et même contraires de mélanisme, d'albinisme, d'isabellisme et d'hybridité. De plus, il y a, parmi les oiseaux, une distribution de beauté en rapport avec la faiblesse des êtres ; il y a différence de coloration entre les mâles et les femelles et, pour certaines espèces, des couleurs plus en relief. Les jeunes, pour se mieux dérober, sont généralement gris. Pour mieux défendre son nid et ses œufs, la femelle des oiseaux de proie est plus grosse et plus forte que le mâle. Tout cela porte un cachet d'originalité facile à reconnaître.

» En résumé, l'oiseau porte sur son corps une sorte d'affiche écrite avec les signes d'un langage aussi durable que notre monde et plus universel que tout autre, celui des formes et des couleurs annonçant des vérités qu'il nous importe de connaître pour ne pas nuire en beaucoup de cas à nos plus sérieux intérêts.

» De cette façon, il nous dit : « Voyez mes formes, voyez mes couleurs, elles vous révèleront assez mon

1. *Mémoires de l'Académie de Reims,* p. 128.

organisme et mes aptitudes. Vous comprendrez que je suis un agent indispensable dans les opérations de la nature. J'élimine, c'est-à-dire je contribue à supprimer le trop plein de la vie. Ce qui surabonde je m'en nourris, et par là j'assure à ce qui reste l'espace nécessaire à son développement complet. Par là même que je vis, je vous sers, car dans les productions naturelles et agricoles, je prends pour moi ce qui étant de trop, nuit nécessairement à l'ensemble. Quels que soient mon genre et mon espèce, mon sexe et mon âge, en toute saison, dont je suis même un signe pour vous, je vous suis utile, très utile, et j'ai droit à votre protection.

» A cette première fonction qui exigeait partout ma présence et me mettait particulièrement en évidence dans le monde, le Créateur, toujours économe de ses moyens d'action, a de plus ajouté une grande et noble mission, qui est de proclamer sans cesse et partout sa puissance et sa bonté infinie, et le grand devoir d'adoration qui en résulte pour vous autres, hommes raisonnables, chargés de transmettre à Dieu l'hommage de la création entière.

» Donc, par égard pour celui qui est votre maître et votre père comme le nôtre, par pitié, ou plutôt par justice pour moi, et surtout dans votre propre intérêt, ne tolérez plus, ni dans vos mœurs ni dans votre législation, la guerre à outrance qui m'est faite par ignorance, par légèreté et par cet amour de la destruction qui est un peu dans votre caractère. [1] »

L'Académie de Reims qui a adopté et couronné ce travail, dit donc avec raison par l'organe de son secrétaire général, M. Ch. Loriquet : « Là, comme dans l'étude sur l'ar-

---

1. *Mémoires de l'Académie de Reims*, p. 141.

chitecture des nids et dans celle du langage des oiseaux, notre confrère ne se montre pas seulement observateur sagace, anatomiste minutieux et précis, il décrit ces petits êtres avec un bonheur d'expression, une admirable simplicité qui fait de chacun de ses tableaux une peinture gracieuse. Le moineau, qu'il prend pour type de l'oiseau, vous a paru tout à fait digne d'intérêt, et les services qu'il rend vous ont fait excuser ses déprédations et ses importunités. La coupe du corps, les ailes, les pattes, le bec sont successivement l'objet de son examen chez les différents genres. Puis, viennent les plumes, leur création et leur répartition sur le corps, le but et les effets de leur coloration, ses différences suivant les sexes, les pays et les saisons ; enfin des conclusions générales et des réflexions, où se concentre la pensée élevée de l'auteur sur les harmonies de la nature et les bienfaits du Créateur. »

VIII

LE HÉRON GRIS ET LA HÉRONNIÈRE D'ÉCURY LE GRAND

Jusqu'ici notre auteur a publié, de compte fait, neuf volumes. Dans l'*Introduction à l'étude des oiseaux*, il nous initie aux préliminaires de son grand travail ; dans la *Classification des oiseaux de la vallée de la Marne*, il dresse, en quelque sorte, la topographie du monde qu'il va parcourir. Les *Oiseaux dans les harmonies de la nature* nous ouvrent les grandes lignes de l'horizon scientifique et nous présentent des vues d'ensemble tant sur la constitution de l'oiseau que sur sa fonction dans l'univers. L'*Architecture des nids* nous cantonne dans l'analyse des berceaux de la gent ailée et s'élève, pour la défense des oiseaux sédentaires, contre le dénichage ; les *Oiseaux de passage* nous montrent la grande loi de migration, et, pour sauver les migrateurs, pour assurer leur service complémentaire, flétrissent le brigandage des tendues. La question de l'*Acclimatation* vise à combler les vides faits par les tendues et le dénichage ; la question du gros hiver de 1879-80 vise à les empêcher. Les considérations *sur le langage et le chant des oiseaux*, sur *leur forme et leur coloration* tendent, par des voies obliques, au même but et agrandissent les conquêtes laborieuses de la science. Dans tous ces écrits, le monde de l'ornithologie est visité dans ses diverses provinces, envisagé sous ses aspects différents, analysé, décrit, peint avec toutes les ressources d'un bien-dire original et toute l'autorité d'une science personnelle. Ces ouvrages se ramènent tous à l'étude des fonctions de l'oiseau et subordonnent toutes leurs recherches à ce but. Cette section de l'histoire naturelle, qui avait été déjà parcourue et décrite par d'illustres voyageurs, nous apparaît, grâce à ce point de vue, un monde nouveau dont M. Lescuyer est le Christophe Colomb.

Il reste, à notre auteur, deux choses à faire : la première, c'est de descendre des généralités aux applications, pour déterminer mieux ses principes et découvrir la fécondité de sa méthode ; la seconde, c'est de résumer, dans une étude élémentaire, à l'usage du peuple, ce qu'il a expliqué savamment et longuement aux hommes doctes. Ce sera l'objet de deux autres publications.

La Héronnière d'Ecury le Grand et le héron gris (in-8° de 120 p., 1876, 2° édition) nous découvre l'application de ses principes à un seul oiseau. Depuis quelques années, les comices agricoles et les sociétés savantes avaient mis à l'ordre du jour les questions pratiques d'ornithologie. Il importait que tous, naturaliste, forestier, cultivateur, chasseur, consommateur, eussent des idées positives pour améliorer et mettre à profit la législation protectrice. Mais, suivant l'usage de tous les chapitres, on délibérait beaucoup, sans aboutir. Notre savant, pour frapper, sur l'opinion indécise, un coup décisif, prit l'exemple qui pouvait le plus certainement faire pencher la balance en faveur des oiseaux : il plaça

sous les yeux du public, le grand exemple du héron ;
et, pour que cette étude si intéressante d'ailleurs au
point de vue scientifique, fût plus compréhensible, il
la particularisa dans une des rares héronnières encore
existantes aujourd'hui. De cette manière, la démonstration s'établit avec la double autorité de la science et de
l'expérience ; on ne peut plus contester qu'en fermant
les yeux à la lumière.

« Que l'on s'imagine dans un espace d'un hectare,
sur cinquante et quelques arbres, environ deux cents
nids de deux à trois mètres de circonférence chacun,
tissés de grosses baguettes, diversement étagés à partir
de dix jusqu'à dix-huit mètres de hauteur ; que l'on se
figure des centaines d'oiseaux hauts de un mètre, d'une
envergure de un mètre soixante-cinq centimètres, aux
teintes d'azur accentuées de blanc et de noir, tous pous-
sant des cris d'alerte, les uns fuyant à grand bruit à travers les branches pour s'élever dans les airs et y tour-
billonnant sans cesse, les autres restant sur leurs nids
près de leurs œufs et de leurs petits, attentifs à scruter
le dessein du visiteur et immobiles comme des statues,
tous projetant à la surface du sol des ombres du plus curieux effet ; que l'on pense aussi aux innombrables géné-
rations de cette espèce d'oiseaux qui des régions les plus
éloignées et depuis des siècles, viennent chercher chaque année dans cette résidence aérienne, les joies de la
famille, de la société, et, dans les plaines marécageuses
du voisinage, une abondante nourriture ; et l'on com-
prendra que ce premier coup d'œil ait excité mon imagination, et transporté mon esprit au temps des primitifs
et gigantesques oiseaux, rois des vastes solitudes.

» Une réflexion surtout me frappa : si, me dis-je,
l'homme avait eu à résoudre ce problème : Trouver le

moyen de détruire les poissons, petits reptiles, crapauds, grenouilles, rats d'eau, mulots, campagnols, limaces, limaçons, certains insectes et certaines plantes de marais, quand, eu égard au temps, au lieu et aux circonstances de toutes espèces, leur existence n'est plus utile et que leur multiplication est excessive ou nuisible, sans que ce moyen soit sensiblement préjudiciable à l'économie générale de la nature, et de manière à donner en même temps des enseignements utiles, des leçons de morale et de goût : certes, malgré son génie merveilleusement inventif, l'homme n'eût pas trouvé la véritable solution ; mais Dieu y a pourvu en créant le héron gris. [1] »

Sans vouloir faire, de cet oiseau, une étude anatomique, notre auteur étudie, dans une première partie, les pièces de son organisme qui mettent le plus en évidence, son rôle d'éliminateur :

1° Le préhenseur, capable de détacher un végétal, de prendre et tuer un animal, et le transmettre à des appareils de transformation ;

2° Ces appareils de transformation qui comprennent surtout l'estomac, le foie, les reins, les poumons et le cœur ;

3° Un déjecteur qui représente le tube digestif et ses annexes ;

4° La température et les acides nécessaires à la transformation des matières éliminées ;

5° Des appareils de locomotion ;

6° Et quelques autres parties complémentaires.

Or, en étudiant, d'une part, les animaux dont le héron se nourrit, et, d'autre part, les organes et les instincts

---

1. *La héronnière d'Ecury*, p. 4.

de cet oiseau, on voit qu'entre la matière éliminée et
l'éliminateur il existe des rapports intimes et que si la
nourriture peut faire deviner l'organisme de l'éliminateur, cet organisme est de nature à révéler les secrets
de l'élimination.

Buffon a composé, sur le héron, un travail de pure
fantaisie. « Si la nature, dit-il, avec aussi peu de raison
que de prudence, *s'indigne* du partage *injuste* que la *société* fait du *bonheur* parmi les hommes, elle-même,
dans sa marche *rapide* paraît avoir négligé certains
animaux qui, par imperfection d'organes, sont condam-
nés à endurer la souffrance et destinés à éprouver la
pénurie : *enfants disgraciés, nés dans le dénuement pour
vivre dans la privation*, leurs jours pénibles se consu-
ment dans les inquiétudes d'un besoin toujours renais-
sant ; souffrir et patienter sont souvent leurs seules ressources, et cette peine intérieure trace sa triste empreinte
jusque sur leur figure, et ne leur laisse aucune des
grâces dant la nature anime tous les êtres heureux. Le
héron nous présente l'image de cette vie de souffrance,
d'anxiété, d'indigence. [1] » Suivent dix pages dans cette
diatonique, pages où le héron est représenté comme le
martyr-né de la mère-nature et le souffre-douleur de la
création. Il y a là, comme ailleurs, sans doute, de fort
belles phrases ; elles n'ont qu'un défaut, c'est d'être
parfaitement absurdes : c'est du Joseph Prud'homme
avant la lettre.

Dans son étude sur le héron, M. Lescuyer ne s'est pas
précisément proposé de prendre le contre-pied de ces
fantaisies et de nous donner, comme on dit de nos jours,
la réhabilitation du héron gris. Son but est plus élevé et

---

1. *OEuvres complètes de Buffon*, édition Flourens, t. VIII, p. 56.

sa pensée plus juste : je cite son texte à côté du texte de Buffon, afin que le lecteur puisse faire lui-même une comparaison qui ne manque pas d'intérêt.

« Il est de principe, nous dit-il, que tous les végétaux et la plupart des animaux soient soumis à de nombreuses éliminations. Les plantes et les animaux aquatiques devaient, moins que les autres, échapper à cette règle. Or, si un poisson est attaqué par un brochet en pleine eau ou à la surface par un balbuzard ; si, à découvert, les sauriens, les batraciens et les insectes aquatiques sont saisis à la course par les oiseaux, ce genre de chasse cesse d'être efficace au milieu des retraites et des obstacles qui se rencontrent dans les roseaux. De plus, le sol couvert d'eau, d'herbes aquatiques et de joncs, est de contenance relativement peu importante par rapport aux surfaces occupées par les plaines et les forêts. Il eût donc été impossible à une machine à élimination de la puissance du héron de fonctionner et de se perpétuer si elle n'eût pratiqué la chasse à l'embuscade, au lieu de la chasse au vol à laquelle se livrent les faucons et si elle ne se fût transportée facilement, selon les besoins, à de grandes distances. [1] » — Voilà, j'espère, qui est beaucoup plus scientifique, beaucoup plus digne d'un vrai philosophe, que toutes les âneries élégiaques *du gran Bouffone*, comme disent gracieusement les Italiens.

C'est sur ces idées élevées et justes que M. Lescuyer nous donne les résultats de ses dissections du héron ; qu'il nous présente une série curieuse de considérations savantes sur le bec et le cou de cet oiseau, sur les appareils de transformation et de déjection ; sur la température

____

1. *La héronnière d'Ecury*, p. 8.

de l'estomac, les sucs gastriques, les proportions anatomiques, le poids; sur les pattes, les ailes et les ballons intérieurs d'air chauffé; sur les muscles et tendons; sur la peau et les plumes petites, moyennes et grandes; sur les sens et l'instinct du héron; enfin sur son extérieur et sa beauté. Notre savant, en effet, reconnaît, au héron des sens et des instincts d'une certaine supériorité; il parle de la finesse de son ouïe et de la pénétration de son regard; il loue sa patience, sa constance, sa frugalité. Que le héron ait de longs pieds, un long bec et un long cou, nous savons que cela était nécessaire à sa fonction; il est ainsi, par sa taille, le roi des oiseaux sédentaires de notre pays; d'ailleurs il n'est dépourvu ni d'une certaine majesté, ni de grâce. En observation, il prend des attitudes graves, qui, à cause de ses proportions, ont quelque chose d'imposant. Dans son vol, il imprime à son cou des évolutions originales et décrit les plus étonnantes évolutions. Son costume est celui de l'expurgateur des marais; s'il n'est pas élégant comme celui du gandin, il est pourtant orné de couleurs et paré de longues plumes; dans cette parure, vous reconnaissez certains emblèmes de la vigilance et de la force, en parfaite harmonie avec l'armure de l'oiseau. Mais son meilleur titre, c'est qu'il mange les petits reptiles, les vipères, couleuvres, lézards, crapauds, grenouilles, salamandres, coquilles d'eau douce, mollusques de mer, crabes, annélides, vers, insectes, criquets, colimaçons, limaces, rats d'eau, mulots, campagnols, et sans compter quelques petites plantes marécageuses, même la charogne. Nous pensons donc qu'à part les beautés de sa constitution, le héron est plus utile que nuisible et que, dans certains lieux du bassin de la Marne en été surtout et pendant les épidémies, il est nécessaire, comme la cigogne sur les bords du Rhin et l'ibis dans la vallée du Nil.

Aussi un ornithologiste très observateur a-t-il pu dire : « Le héron est un oiseau beaucoup plus utile que nuisible ; qui avale plus de couleuvres, de grenouilles et de crapauds que de carpes ; et qui déserte volontiers les étangs et les gués des fleuves pour défendre nos plaines quand le mulot les envahit à l'arrière-saison : c'est un auxiliaire libre de l'homme, un gardien-né de son repos et de ses cultures. [1] »

Dans la seconde partie de son travail, notre savant raconte l'histoire de la héronnière d'Écury. Dans son récit, il reporte, d'après les titres, son origine aux premiers temps de l'histoire ; il explique, l'opportunité de son installation au milieu des marais ; il attribue, aux coupes de bois ses changements de place, il dresse enfin des états de sa population ; de l'arrivée, du séjour et du départ des hérons ; des nids, des œufs, des petits et des pères et mères. C'est un travail historique d'une grande précision et fait, dirait La Bruyère, de main d'ouvrier. Quant à l'ensemble, objet d'une étude patiente, rédigé avec exactitude et aisance, il va parfois jusqu'à l'éloquence écrite : avec ces cent vingt pages, il laisse bien loin derrière lui les dix pages romantiques du naturaliste de Montbard, qui n'avait étudié le héron, lui-même l'avoue, qu'avec une lunette d'approche.

Le but de ce travail biographique, où les idées ont la principale part, ne demande pas que nous insistions ici sur le détail. Nous laissons au lecteur le soin de lire cet intéressant volume ; nous ne le lui recommandons pas moins que les autres, bien qu'il ne les égale pas en importance.

---

1. TOUSSENEL, *Monde des oiseaux*, p. 321.

Nous ferons remarquer, toutefois, avec quelle abondance de savoir et richesse d'aperçus, nôtre savant traite son sujet : sur un seul oiseau, il compose un volume. Possesseur, dans ses notes, sur les autres oiseaux de nos contrées, d'une aussi grande abondance d'informations, s'il en avait pu écrire l'histoire, il ne nous aurait pas offert moins de vingt mille pages. L'histoire nous apprend que plusieurs anciens, ramenant comme l'a fait M. Lescuyer, l'étude à l'expérience, avaient composé d'aussi volumineux ouvrages ; par les fragments qui nous en restent, nous avons pu constater entre notre savant et les vieux maîtres, un parfait accord de renseignements ; par contre, nous l'avons toujours vu en dissidence avec les romanciers de l'histoire naturelle. Il est superflu de dire de quel côté va notre estime.

De plus, nous insisterons, avec notre auteur, sur la nécessité de respecter le héron de nos contrées. « Chaque année, les végétaux, même les animaux, sont atteints de maladies nouvelles et désastreuses. Alors on s'inquiète, on cherche des remèdes, on recourt aux primes pour la destruction des vipères et des animaux nuisibles, à l'échenillage, à des pratiques nouvelles et nombreuses ayant pour objet de purger les champs, les bois et les eaux, de plantes, graines, insectes et animaux qui les ruinent.

» Généralement on se donne ainsi beaucoup de peine et on reste impuissant.

» Or, ne serait-il pas beaucoup plus sage de ne pas rompre sans cesse l'harmonie que le créateur a établie entre toutes ces forces qui fonctionnent dans l'univers, et ne plus détruire sans pitié les oiseaux, ces charmants ouvriers qui viennent à notre aide ?

» Ne serait-il pas très sage et même très lucratif de

8

suivre le grand exemple que nous donne la noble famille
de Sainte-Suzanne, en protégeant tous les oiseaux utiles
et notamment le héron [1] ? »

1. *La Héronnière d'Ecury*, p. 109.

IX

ÉTUDE ÉLÉMENTAIRE DE L'OISEAU

On a dit, avec raison, qu'une science n'existe qu'autant qu'elle peut être formulée dans un catéchisme; on peut ajouter avec non moins de raison que quand elle peut se formuler dans un catéchisme, elle le doit, pour propager plus aisément, par la simplicité d'un cordial entretien, une science dont le profit diminuerait beaucoup, si elle restait inaccessible au vulgaire.

Au terme de ses longs travaux, et sans préjudice pour les études intermédiaires auxquelles son esprit inquisitif ne manquera pas de le porter, M. Lescuyer s'est fait un devoir de condenser, dans une étude élémentaire et dans la forme catéchétique, les résultats positifs de ses vaillantes recherches. De là le *Catéchisme d'ornithologie à l'usage des écoles primaires*, et surtout des écoles d'agriculture.

Précédemment, notre auteur, afin de vulgariser, par des personnes instruites, sa juste et belle doctrine, avait bien voulu faire, aux instituteurs primaires de son canton, des conférences sur les oiseaux. Par cet enseignement

complémentaire, il avait comblé une lacune des programmes de l'École normale et assuré, à ses ouvrages,
un fidèle et utile écho. Je n'ajoute pas que pour ce service
bénévole et en considération de ses mérites, il reçut quelque distinction universitaire : il a trop de savoir et de
vertu pour recevoir, de là, une consécration officielle ;
mais je dois dire qu'étant, depuis longtemps, délégué
cantonal pour l'instruction primaire et ayant toujours
rempli avec autant de zèle que d'intelligence, les devoirs
de sa charge, après avoir gracieusement assisté les instituteurs plus encore que les élèves, il fut remercié par
les beaux Nicolas qui, depuis quelques années, dans la
Haute-Marne comme ailleurs, exploitent la situation à leur
profit et au grand détriment du pays.

Cette honorable disgrâce n'empêcha pas notre savant
d'affronter, au terme de sa laborieuse carrière, la tâche
redoutable d'une Etude élémentaire de l'oiseau en forme
de catéchisme. Après avoir, à côté de la classification
scientifique des auteurs, proposé une classification des
oiseaux de notre vallée au point de vue de la fonction
qu'ils remplissent et des services qu'ils rendent, après
avoir, dans dix volumes, démontré l'utilité des oiseaux
dans leurs rapports avec l'homme et avec la nature, le
plus sûr moyen de tirer, de ces travaux, toute leur utilité,
était d'en faire pénétrer dans le peuple la démonstration.
Extension d'autant plus souhaitable que l'histoire naturelle n'ayant été mise dans les mains de l'enfance que
sous forme d'images et de descriptions amusantes, il importait de la faire profiter de la science acquise par M. Lescuyer, au prix, parfois douloureux, d'un si long temps,
de dépenses considérables et de rudes fatigues. Ceux qui
ont le plus souffert dans l'acquisition de la vérité en deviennent plus volontiers les apôtres. Après avoir tant

travaillé pour parvenir à la vérité *vraie*, il était donc naturel que notre savant mît sa science au service de son pays et tachât de conquérir les convictions en s'adressant à l'école primaire.

Au surplus, le congrès insectologique, qui se tint à l'orangerie des Tuileries en 1882, avait exprimé le vœu que l'ornithologie fît partie de l'enseignement primaire ; la section d'économie rurale, au congrès de Chaumont en Bassigny, avait instamment renouvelé ce même vœu. Le sentiment des assemblées et les appels des pouvoirs publics répondaient ainsi aux convictions de l'auteur.

Il n'en fallait pas moins, disons-le en toute franchise, pour le décider à une entreprise aussi ingrate qu'elle est nécessaire. De braves gens s'imaginent que rien n'est plus facile à composer qu'un catéchisme ; ils se persuadent que cela se fait en se jouant, comme on dit, *par dessous la jambe et va comme je te pousse*. La vérité est à l'encontre. Rien n'est plus difficile à composer qu'un catéchisme, et rien n'est plus difficile à réussir de vive voix que son explication.

D'après les données du problème à résoudre, un catéchisme, pour répondre à son but, doit contenir quatre ou cinq choses essentielles : 1º une trentaine de leçons exactes, claires, précises, rédigées, en forme de questionnaire, par demandes et par réponses ; 2º après chaque leçon, il doit donner, en style continu, quelques développements pouvant servir de lecture aux enfants ou de texte classique aux classes d'adultes ; 3º rejeter en appendice ou en renvois, les renseignements plus considérables qui ne pourraient, pour un motif ou pour un autre, servir de corollaire à une leçon ; 4º terminer par un calendrier d'ornithologie, un vocabulaire des mots que ne pourraient comprendre les jeunes élèves, et des tables assez bien présentées pour former programme.

Ces exigences créent autant de difficultés. En présence des difficultés que suscite un cadre tracé d'avance, cadre dont il n'est pas permis de sortir, en présence de l'obligation de dire beaucoup de choses en peu de mots ; d'être savant et non prétentieux, complet sans être prolixe ; de faire aller de pair la théorie et la pratique ; de parler ce langage si difficile et si rare qui convient aux livres élémentaires destinés à l'enfance, on reste convaincu que, pour tenter une telle entreprise il faut une ferme résolution et un vrai courage.

Mais encore avons-nous suffisamment compris toutes les difficultés de la tâche ?

On a dit, et avec raison, qu'avant d'écrire le catéchisme catholique, il fallait posséder à fond la Somme de saint Thomas. Les gros livres en effet, doivent logiquement précéder les petits, et ceux-ci ne sont possibles que quand ceux-là ont rendu les oracles de la science. La première condition pour composer un catéchisme d'ornithologie, c'est de posséder la science des maîtres ou d'être soi-même un maître. Première difficulté ; mais nous savons que sous ce rapport, notre savant est en règle et que, pour donner *moins*, il possède amplement *le plus*.

Ensuite il faut traduire la doctrine de la maîtresse science, non pas en discours éloquents ou en savants traités, mais en questions simples, naïves, familières, qui s'enchaînent par un lien constant et tellement claires qu'elles portent leur preuve même dans leur lucidité. Avec cette logique soutenue et cette lucidité victorieuse, il faut encore ce je ne sais quoi qui fait le catéchisme appétissant, le sel attique, la jovialité gauloise, la finesse, la délicatesse, les bons propos, les joyeux devis, les proverbes, les mille essences indéfinissables de la perfection. — Seconde difficulté.

Notre auteur a-t-il heureusement vaincu toutes ces difficultés? — Sous le rapport de la science parfaite, incontestablement. Dans sa longue carrière, on ne saurait dire combien d'erreurs il a relevées, combien d'observations nouvelles il a pu faire. En écrivant son étude élémentaire, il complète et précise parfois les savants ouvrages ; en tout cas, il les résume avec une sympathique fidélité. Cette scrupuleuse exactitude, qui lui a valu, dans le monde savant, une autorité à part, devient pour les écoles une précieuse lumière.

Je cite, à ce propos, le rapport fait à la *Société des Lettres, Sciences et Arts*, de Saint-Dizier. « Cet ouvrage, dit le rapporteur, résume d'une manière simple et concise, à la portée de l'intelligence des enfants, secondée au besoin par les explications du maître, ce qu'il y a de plus important, et je dirai même de personnel dans ses travaux antérieurs. — Il a adopté la forme élémentaire par demandes et par réponses, pour mieux fixer l'attention des enfants et reposer leur intelligence par des divisions naturelles : l'expérience et l'avis d'hommes spéciaux l'ont encouragé dans cette voie. — Peut-être aurions-nous quelques observations de détail à faire : certaines considérations nous ont paru trop élevées pour un livre élémentaire. — Sous le rapport de la forme, rien, on le sait, de plus difficile à rédiger que ces ouvrages par demandes et par réponses. Si quelques-uns, comme les catéchismes et les grammaires, sont arrivés à ce que l'on peut appeler la perfection du genre, ce n'est qu'à la suite d'éditions répétées et de remaniements continuels. On ne peut espérer d'un premier travail cette perfection de forme et cette juste proportion des parties. Mais nous ne pouvons trop remercier M. Lescuyer d'être entré le premier dans cette voie et de mettre au service de l'enfance, la science acquise par trente ans d'études et d'observations faites avec une persévérance qui ne sera jamais surpassée. »

Nous pensons, avec le rapporteur, que l'expérience de l'école pourra demander, à l'auteur, d'indispensables améliorations ; mais nous ne pensons pas, comme lui, que les considérations élevées doivent disparaître de ce catéchisme. Bossuet, qui savait aussi bien faire un catéchisme qu'un discours, mit, dans le catéchisme de Meaux, tout saint Thomas et il affirme très haut sa volonté expresse à cet égard donnant pour raison que ces choses élevées provoquent les jeunes âmes à l'effort et leur enseignent la modestie. Un catéchisme, du reste, ne sert pas qu'aux enfants de l'école ; il sert encore à une foule de grands enfants, dont l'esprit plus développé, mais trop peu cultivé, appelle des enseignements plus solides et de plus hautes leçons.

Dans le désir de la perfection, nous conseillerions volontiers, à l'auteur, d'user et même d'abuser des proverbes. Rien n'est plus populaire que cette tournure : « Comme dit le proverbe ; » rien, mieux qu'un proverbe, ne fait loi pour le villageois. Or, il s'agit ici d'amener les enfants à une bonne pratique, et, pour commander les *actes*, il faut une *loi*. La démonstration seule est trop froide ; elle ne peut pas suffire. Dans l'espèce, comme nous ne pouvons l'emporter que par la persuasion, il nous semble qu'on l'obtiendrait mieux par ces vénérables apophthegmes qui résument la sagesse des nations. L'auteur en trouverait au choix dans le Bonhomme Richard, dans Jacques Bujault, dans les collections du père Cahier et de Leroux de Lincy.

Pour les développements du questionnaire, encore que notre auteur soit asez riche pour ne rien emprunter, il

pourrait cependant donner parfois des extraits des au.
teurs populaires et des écrivains classiques. Les grands
noms sont des autorités, des noms connus et aimés pos-
sèdent encore une autorité plus efficace. En somme, la
vraie mnémotéchnie, c'est le cœur.

Quant à l'idée du Calendrier ornithologique et du vocabulaire, nous ne pouvons qu'y applaudir, mais, dans
l'exécution, il faut un soin scrupuleux de ne pas franchir
les justes bornes.

Malgré les étroites limites dans lesquelles doit se renfermer un catéchisme, n'était la modestie nécessaire qui
nous retient, nous voudrions proposer encore quelques
additions.

Comme le catéchisme catholique se résume admira-
blement, pour la pratique, dans les commandements de
Dieu et de l'Eglise, nous proposerions, par exemple, d'a-
jouter les commandements du père de famille, les commandements de l'école, quelque chose comme les qua-
trains du sieur de Pibrac, l'adage parlant, l'expression
vivante et criante du devoir envers les oiseaux.

Ensuite, à toutes les choses sérieuses, nous en join-
drions d'autres qui le seraient encore, mais sur un autre ton, soient la chanson de rouge-gorge ou du moineau
et autres chants rustiques de la muse française. Il ne
suffit pas d'instruire le villageois, il faut encore le récréer,
le divertir ; d'ailleurs la chanson est un produit éminem-
ment national, la fleur bénie de la terre franque. A toutes les époques, quand nous avions quelque épreuve à
subir : *La chanson répondait : France! La garde laissait
passer.* Nous garderions cette vieille consigne.

Depuis longtemps le proverbe qui assimile les Champenois aux moutons de Panurge est une plaisanterie
assez sotte, prise au rebours de l'histoire. Il faut

qu'après le catéchisme agricole de Jules Barotte et le catéchisme d'arboriculture de Bichat, le catéchisme d'ornithologie pour la Haute-Marne lui donne, encore une fois et pour toujours, un solennel démenti.

X

RECHERCHES SUR LE DIMANCHE

Le savant auteur des recherches sur les oiseaux, que nous venons d'analyser dans cet opuscule, n'est pas un de ces hommes si communs de nos jours, qui se coupent en deux, en trois ou en dix ; qui ont du temps pour tout, excepté pour le salut de leur âme ; et qui indifférents à la religion, tant qu'ils se portent bien, attendent, pour crier miséricorde vers le Seigneur, que la maladie menace de les planter à la porte, un bénitier aux pieds. M. Lescuyer est chrétien ; et non seulement il n'en rougit pas, mais il en fait profession publique et pratique personnelle. Sa foi, au reste, n'est pas celle du charbonnier. Autant qu'homme du monde, il a approché ses lèvres de la science et son ferme esprit a abordé fièrement tous les problèmes. En même temps qu'il s'appliquait à pénétrer les secrets de la nature, il approfondissait les mystères de la religion et trouvait, dans ses consciencieuses études, de plus puissants motifs de fidélité. « Un peu de science éloigne de Dieu, disait Bacon, et beaucoup y ramène. »

Nous devons, à ces études pieuses et droites, les *Recherches sur le dimanche*, un volume in-8° de VIII-254 pages, publié en 1877 : c'est le plus volumineux des ouvrages de M. Lescuyer ; il date de cette époque féconde où notre auteur multipliait les écrits scientifiques et où son âme rayonnait avec plus d'éclat.

L'homme est condamné au travail ; telle est sa misère, qu'il doit travailler beaucoup pour se suffire ; et telle est sa faiblesse qu'il peut à peine, sans se reposer, faire quelques pas sur la terre. La loi du travail a donc, pour corrélatif, la loi du repos ; un jour de repos sur six jours de travail, tel est le chiffre divin qui règle l'équilibre de leurs rapports.

Au simple point de vue du travail, l'homme, après avoir travaillé trois ou quatre heures, doit, pendant le jour, se reposer une heure, simplement pour pouvoir continuer avec fruit et sans péril, son travail. Après avoir, dans une journée, travaillé trois ou quatre fois trois heures, coupées par des heures de repos et de repas, il doit, pour ne pas se tuer et s'annihiler, s'accorder encore, la journée faite, le repos réparateur de la nuit. Enfin après avoir travaillé rondement six jours de la semaine, il doit se reposer le dimanche, non plus seulement pour reprendre sa force physique, mais pour alimenter et vivifier les forces intellectuelles et morales de son âme.

Le repos du septième jour, c'est spécialement le repos du corps tournant au profit de l'âme. Le dimanche, c'est le jour où l'esprit s'éclaire, où le cœur se purifie et s'échauffe, où la volonté se redresse, où la conscience s'applique à elle-même, où l'âme tout entière s'épanche et se réjouit au foyer de la famille, dans les relations de société et dans le sanctuaire du Saint des saints.

On ne peut pas plus contester la nécessité du repos
que la nécessité du travail et si le travail physique est
nécessaire pour féconder le sol qui nous nourrit, le travail spirituel n'est pas moins nécessaire pour maintenir
et élever notre âme au niveau de la parfaite humanité.
Autrement, l'âme se dégraderait et le travail excessif
qui augmenterait notre bien-être, augmenterait, dans la
même proportion, notre indignité. La richesse mal
acquise ne serait qu'une force plus énergique d'avilissement.

Dans l'antiquité, les fausses idées sur l'origine de
l'homme, le droit de propriété sans le correctif de la charité et le droit de guerre, sans parler d'autres causes,
avaient amené l'esclavage des dix-neuf vingtièmes de
l'humaine espèce. Sous le régime de l'antique servitude,
certains hommes devaient travailler toujours, d'autres
ne devraient jamais travailler : ceux-ci étaient les seigneurs ; les autres, les galériens de la création. L'Evan-
gile fit tomber les chaînes de l'esclavage et l'Eglise ré-
partit, entre hommes libres, la loi du travail justement
équilibrée par la loi du repos. Depuis un siècle environ
et seulement chez certains peuples, par l'affaiblissement
de la foi, cette cupidité féroce qui autrefois avait con-
traint les esclaves au travail forcé, pousse les hommes
libres à une servitude volontaire : c'est ce que Charron
appelait l'*esclavage moderne*.

Cet esclavage volontaire, compliqué de dégradation
morale et d'affaiblissement progressif, est spécialement
le mal de la France. Aussi, sans remonter trop haut,
depuis quelques années seulement et sans parler des
orateurs sacrés, des mandements d'évêques, des mercu-
riales de magistrats, voyons-nous une foule d'auteurs
s'élever contre la profanation du dimanche. Pérennès,

Proudhon, Gaume, Méthivier, Mullois ont composé, pour dénoncer cette cause de décadence, de patriotiques ouvrages.

A cette vaillante entreprise, notre auteur voulut apporter son généreux concours. Dans ses recherches, suivant son habitude, il ne courut pas les sentiers battus, mais voulut, par réflexion, se rendre compte de la loi divine. Dans ce dessein, il cherche les raisons justificatives de la loi du repos, dans l'ensemble de la législation divine et ecclésiastique ; dans l'autorité des législations positives de tous les peuples ; dans les témoignages des littérateurs, philosophes, et même des plus hardis critiques de notre époque ; mais surtout dans les raisons que fournissent la conscience et l'expérience. Ces dernières raisons, il les présente sous un double aspect. Sous le rapport *positif*, il démontre que l'observation du dimanche est la fête de Dieu, de l'Eglise et de l'ordre moral ; c'est la fête de la famille, de la paroisse ; c'est la fête des amis, des absents, des malades, des pauvres et des morts ; c'est la base de toutes les associations de la province et de la société. Cette fête ne donne pas seulement satisfaction à la société et à la religion, mais encore à l'individu : c'est la fête de la conscience, de l'esprit, du goût et des arts ; c'est la fête de l'âme et du corps ; c'est la fête du respect, de l'ordre, des plaisirs qui ennoblissent ; c'est un jour privilégié et béni, le jour du Seigneur. — Sous le rapport *négatif* et en sens contraire, la profanation du dimanche amène le chômage du lundi et du mardi. Le travail, l'inertie ou le mauvais emploi de ses facultés, dans les jours saints, sont une cause de dégradation morale, de maladie, de dégénérescence et de pauvreté. Le lundi, par son chômage, compliqué habituellement d'ivrognerie et de libertinage, devient un jour d'avilissement et de misères. Quels que soient son âge et sa position sociale, le profanateur du dimanche et le débauché du lundi n'échappe jamais aux conséquences de sa faute.

L'observation et l'expérience confirmant ce que les législations divine et humaine ont sans cesse proclamé, la noblesse et la sainteté de la loi dominicale, il est essentiel de déterminer les devoirs et droits qui en résultent. Dans une seconde partie donc, notre auteur détermine les devoirs qui résultent de la loi, au point de vue religieux et chrétien, puis au point de vue de la société civile et de l'humanité. Ces devoirs impliquent des droits : ce à quoi nous sommes rigoureusement obligés, peut nous être rigoureusement prescrit ; et s'il ne l'est pas, il ne faut pas croire que les latitudes de la loi soient, pour les âmes, des titres à la licence.

En composant cet opuscule, l'auteur s'était uniquement proposé d'éclairer sa foi et d'affermir sa conviction ; aussi s'était-il contenté de noter, par quelques numéros, les renvois aux auteurs. Après avoir étudié l'institution du dimanche dans les enchaînements logiques de sa nature, de ses causes et de ses effets, il s'était complu à lire les ouvrages relatifs à la question, et satisfait d'avoir découvert, à l'appui de ses doctrines, des documents aussi décisifs que variés, il les avait disposés et réunis dans le même ordre que son texte ; de telle sorte que, par le parallélisme des chapitres aussi bien que par les numéros de renvoi, il pouvait toujours, sur chaque point de détail, retrouver à la minute tous les éléments de conviction. Aussi quand, sur les conseils pressants de son curé et avec le concours d'un éditeur plein de zèle, il voulut publier ce travail, l'auteur n'eut qu'à puiser dans son répertoire.

En résumé, les *Recherches sur le dimanche* constituent

une double étude : une étude *personnelle* de l'auteur et l'ensemble des témoignages d'auteurs de tous les temps et de tous les pays rendant hommage au repos du septième jour.

Cette seconde partie est fort piquante et du plus vif attrait. Par l'abondance des documents continus qu'elle coud les uns au bout des autres, elle forme, sur le dimanche, une espèce d'encyclopédie où les hommes les plus illustres ont tous mis la main. Leur apport n'est pas long, mais il est décisif. Spectacle d'autant plus curieux que ces auteurs se répondent, de tous les points du temps et de l'espace ; et que, séparés par leur conviction ou leur passion, encore plus qu'ils ne le sont par la distance des lieux ou des temps, ils rendent cependant un témoignage favorable. Divisés sur tous les autres points, ici ils sont d'accord : c'est le génie plaidant sa cause en plaidant la cause du dimanche. On ne saurait trop remercier M. Lescuyer d'avoir bien voulu consacrer un temps considérable à ces recherches érudites et trop le féliciter d'avoir compris l'importance de ces témoignages concordants, spontanément rendus à la loi divine du septième jour.

Dans la première partie, l'œuvre propre de M. Lescuyer n'a pas une moindre valeur. L'auteur a certainement parlé du dimanche au point de vue chrétien ; cependant il a pensé que, pour les considérations purement religieuses, il pouvait être d'autant plus court que les enseignements de l'Eglise sont, sur ce point, aussi souvent réitérés qu'éloquents. Il s'est spécialement étendu sur les démonstrations économiques, dirigées contre les rationalistes surtout, parce que c'est au nom d'une raison déchue et revendiquant les vils intérêts de la déchéance, que l'on attaque aujourd'hui cette institution aussi aucienne que le monde, aussi vaste que l'espace et dont le respect est la condition nécessaire de salut du genre humain.

Dans la synthèse de ses idées, l'harmonie de ses preuves et l'expression de son style, M. Lescuyer n'est pas quelque chose ; il est quelqu'un. Avec sa modestie presque timide, souvent silencieuse, c'est un homme d'observation et de réflexion ; il sait deviner et découvrir ; il fait voir, sentir et parler. Ame également douce et forte, autant il se préoccupe de la vérité, autant il se croit obligé de la répandre. Ce n'est pas un chercheur qui s'arrête à la connaissance ou un *dilettante* qui se borne à la jouissance ; c'est un homme de bonne pratique, de conduite raisonnée et éclairée, presqu'un apôtre et certainement un bon patriote. Noble chrétien et noble citoyen, il a consacré sa vie à la science et sa science à la vérité, parce que la vérité se résout en vertu, en honneur, en progrès dans la dignité et le bien-être.

J'ajoute que, personnellement très doux, il a su donner à ses idées et à son style, sans prétention assurément, un tour sympathique. On le lit toujours avec plaisir et, lorsqu'on l'a lu, si on a l'honneur de le connaître, on ajoute intimement : « Le style, c'est l'homme. »

Au terme de son travail, et, suivant toute apparence, au terme de sa carrière littéraire, il adjure tous les hommes de venir au respect de la vérité connue.

« Catholiques, s'écrie-t-il, si l'on venait vous dire : les églises menacent ruine, elles s'écrouleront demain : que feriez-vous ? Des sacrifices proportionnés à la grandeur du danger. Eh bien ! qu'importent les églises, s'il n'y a plus de dimanche.

» Législateurs, la loi du dimanche est la mère, la fille ou la très proche parente des lois les plus saintes, les plus

fondamentales de ce monde. Elle leur est unie par des
liens indissolubles ; elle est contemporaine de la création,
elle a toujours eu une place d'honneur dans la législaation
temporelle et spirituelle. Par son origine, son âge, ses ra-
mifications, sa nature, son importance, elle a tous les caractères de ce qu'on nomme divin dans toutes les langues.
Elle porte le sceau des peuples, des rois et de Dieu. Si vous
tenez à l'autorité de vos codes, au règne de la justice,
protégez la loi du dimanche.

» Savants, philosophes, économistes, philanthropes, si
l'on venait nous annoncer que les écoles et les hôpitaux
sont en feu, que diriez-vous? Ce qu'on vous supplie de
dire et de redire en faveur du dimanche : le dimanche est
l'école de la vérité chrétienne, et sans cette lumière divine, les sciences n'auraient pas jeté leur principal éclat, la
civilisation n'aurait jamais dépassé les grandeurs païen-
nes. Le dimanche est encore le seul temple de la charité
qui si miraculeusement prévient et repousse le mal et
dont la protection est si essentielle à la philanthropie,
cette enfant naturelle de la bienfaisance.

» Nombreux indifférents, quand sur les bords d'un in-
sondable abîme, vous entendez se rompre la digue qui
vous protège, pensez-vous rester dans le doute et dans
l'inertie.

» Et vous démolisseurs de tous étages, vous qui,
par l'exemple, la parole, l'action, ébranlez l'institution
du dimanche, oh ! de grâce, arrêtez-vous dans cette œuvre sacrilège ; car à la place des incalculables bienfaits
du dimanche, que pouvez-vous mettre ? Rien, si ce n'est
un chaos universel et d'éternelles lamentations. »

Voilà qui est bien dit et on ne pouvait mieux conclure.

CONCLUSION

Dans ce travail, j'ai voulu faire, pour les ouvrages de M. Lescuyer, avec des connaissances inférieures et une moindre autorité, ce qu'a fait Flourens pour les œuvres de Georges Cuvier et de Buffon. En marchant sur les traces de Flourens, pour rendre hommage au Cuvier de la Haute-Marne, j'aurais pu, à l'exemple du secrétaire de l'Académie des Sciences, entrer davantage dans le détail et m'arrêter beaucoup plus à la philosophie de l'histoire naturelle. Je ne l'ai pas voulu, pour ne pas trop grossir ce volume et pour laisser, aux lecteurs, le soin de faire eux-mêmes connaissance avec les ouvrages de notre vaillant ornithologue. J'aurais pu donner à chaque chapitre plus d'ordre, plus d'unité et de relief; je les laisse tous dans l'originalité native de leur conception et le premier jet de la plume. Je livre cette suite de comptes-rendus, spontanés et sincères, à l'examen des hommes sérieux qui lisent et qui pensent.

Je n'ai rien à dire, ici, de M. Lescuyer. C'est un homme de bien, qui a consacré sa vie au travail, voué son travail au progrès de la science et au bien de son pays : ces sortes de vocations, si l'on est fidèle jusqu'à la fin, trouvent en elles-mêmes leur récompense. Il n'y a récompense au qui vaille l'estime dont on peut se payer le consciencieux tribut.

Les travaux de M. Lescuyer ont d'ailleurs obtenu relativement un grand succès. Bien qu'il soit resté volontairement dans l'ombre, qu'il n'ait jamais rien sollicité [1] de personne, qu'il ait laissé à ses ouvrages le soin de leur propre fortune, ses ouvrages font mieux que fortune, ils font figure. Les idées et les découvertes de notre auteur sont entrées dans la grande science ; l'auteur lui-même est arrivé, sans tourner le pied ni lever la main, à toutes les distinctions. M. Lescuyer est :

Membre titulaire de l'Institut des provinces et du Congrès scientifique de France, de la Société zoologique de France, de la Société centrale d'apiculture et d'insectologie générale de France ; de la Société protectrice des animaux, de Paris ; du Comice départemental de la Marne ; de la Société des lettres, des sciences, des arts et de l'agriculture de Saint-Dizier (Haute-Marne) ;

Membre correspondant de l'Académie de Stanislas de Nancy ; de l'Académie de Reims ; de l'Académie de Dijon : de la Société académique d'agriculture, des sciences, arts et belles-lettres du département de l'Aube ; de la Société d'agriculture, commerce, sciences et arts de la Marne ; de la Société des sciences et arts de Vitry-le-François ; de de la Société historique et archéologique de Langres ; de la Société des lettres, sciences et arts de Bar-le-Duc ; de la Société d'émulation des Vosges ; de la Société lin-

1. Nous savons que d'autres sociétés ont sollicité l'adhésion bénévole de M. Lescuyer ; il s'est refusé, ne voulant être agrégé qu'aux sociétés relatives à ses travaux et ne rien accorder à la gloriole. D'ailleurs les hommes du plus grand mérite ne se complaisent pas aux rassemblements : il se fraient des voies solitaires et les suivent dans l'obscurité, comme les ruisseaux qui coulent sous terre sans recevoir les rayons du soleil et vont jeter leurs eaux dans des abîmes sans fond.

néenne de Maine-et-Loire ; de la Société linnéenne de Bordeaux ; de la Société d'histoire naturelle de Saône-et-Loire ;

Lauréat du Concours des Sociétés savantes de la Sorbonne ; de l'Institut des provinces ; du Congrès scientifique de France ; de l'Académie de Reims ; de la Société centrale d'agriculture ; de la Société d'acclimatation de Paris ; de la Société centrale d'apiculture et d'insectologie de France ; de la Société protectrice des animaux de Paris, 1873, 1875 et 1876 ; de l'Exposition universelle de 1878 ; du Concours régional de Reims, en 1875 ; du Comice départemental de la Marne, en 1879 ; et de la Société d'agriculture de l'arrondissement de Wassy (Haute-Marne), 1879. En tout, quatorze médailles.

Malgré la profusion de ces titres et de ces récompenses, j'avoue que tout cela ne me suffit pas. Je voudrais voir M. Lescuyer membre correspondant de l'Institut et décoré de la Légion d'honneur. Déjà il est homme d'honneur et vrai chevalier ; je sais que l'Institut, en s'adressant à lui, ne saurait descendre. Autant je le crois digne d'honneur, autant je suis persuadé qu'il ne subirait les honneurs que dans l'affliction de sa modestie. Je suis persuadé aussi qu'il ne les obtiendra pas facilement parce que, parmi nous, pour obtenir la croix, il faut la solliciter, c'est à dire s'en montrer indigne. Que nous avons là une plaisante institution.

Pour moi, s'il m'est permis de parler ainsi, j'ai lu et relu les savantes recherches de notre ornithologue ; je me suis fait un devoir de lui rendre hommage ; je ne saurais dire assez combien j'admire, dans ses travaux, les principes élevés, *l'exacte méthode*, la courageuse application et les excellents résultats. Il ne faut, sans doute, exagérer les mérites de personne et il n'est que juste de rendre à chacun ce qui lui est dû. Les anciens, notamment Aristote, les deux Pline et Columelle, avaient certainement étudié, avec un esprit positif et décrit en excellent style, les merveilles de la nature. On ne s'étonne point qu'ils n'aient pas poussé plus avant les choses : l'esprit humain, toujours faible, rencontre promptement des limites : mais on regrette qu'à ces observations si nettes, à ce style si heureusement bref, ils aient mêlé des rêveries qu'on ne peut que déplorer. Au moyen âge, les symbolistes, dans leurs *Bestiaires, Volucraires* et *Lapidaires,* purgèrent la pensée chrétienne de ces erreurs et de cette vaine mythologie. Au xvııı^e siècle, laissant de côté, et très à tort, le symbolisme chrétien, on voulut décrire, avec une éloquente précision, l'encyclopédie de l'histoire naturelle, mais on n'eut pas autant de succès que d'ambition. Buffon, qu'on ne peut oublier ici, au milieu d'utiles travaux, fit une effroyable consommation de belles phrases. Ses continuateurs, Lacépède et Daubenton, s'appliquèrent, l'un aux classifications, l'autre à l'anatomie et à la physiologie. Cuvier et Geoffroy Saint-Hilaire, vinrent ensuite préciser les généralités de la science, créer la paléontologie et continuer l'étude de la nature. Tous ces hommes sont des maîtres incontestés; je n'ai pas à les apprécier dans cet opuscule.

Or, c'est à côté de ces maîtres que l'histoire, plus reconnaissante que nous, placera M. Lescuyer. Dans une situation modeste, avec ses seules ressources, son esprit exigeant et son grand courage, M. Lescuyer, pour étudier les oiseaux n'a pas fait l'expérience *in anima vili*; c'est sur le vif, par l'observation directe, la constatation personnelle qu'il a pris tout ce qu'il décrit. Sans se préoccuper autrement de métaphysique, sur chaque question qu'il étudie, il pose pourtant, avec décision, les princi-

pes premiers. De la grande loi d'élimination, qu'il détermine avec une précision remarquable, il déduit toute la
science de l'oiseau. A cette science, fondée sur les observations les plus scrupuleuses, il rattache le langage des
oiseaux et l'architecture des nids, les formes et la coloration des oiseaux, les migrations, questions où il ou-
vre à la science de nouvelles voies et parle avec autorité.
Au nom d'un savoir si bien assis, il célèbre la Héronnière
d'Ecury-le-Grand et s'élève contre les dénicheurs. Partout fidèle à lui-même, il n'écrit point pour écrire, ni pour
faire des livres avec la plume d'autrui ; il ne dit que ce
qu'il sait, mais il sait très pertinemment tout ce qu'il
dit. Ce qui le caractérise, c'est l'exactitude ; ce qui l'ho-
nore, c'est l'innombrable quantité de faits constatés à
peu près par lui seul et livrés par lui à la haute science.
L'intelligente postérité le placera donc à côté des maîtres et sur la même ligne. S'il ne les égale pas par la
masse des volumes et par les bruits complaisants faits
autour de son nom, il les égale certainement par l'originalité créatrice de ses initiatives et le caractère positif
de ses découvertes. L'antiquité l'eût comparé à Pline ;
pour nous plaçons-le à côté de Daubenton et de Lacépède ; surtout persuadons-nous bien qu'en l'honorant, si
nous n'avons pas qualité pour lui décerner la gloire,
nous ne pouvons certainement que nous honorer.

FIN

TABLE DES MATIÈRES

   I. Origine de M. Lescuyer, sa vocation. 1

  II. Travaux de M. Lescuyer. 14

 III. Les oiseaux dans les harmonies de la nature 27

 IV. L'architecture des nids. 44

  V. Classification et acclimatation des oiseaux, oiseaux de
passage, tendues, etc 57

 VI. Langage et chant des oiseaux. 75

VII. Forme et coloration des oiseaux. 92

VIII. Le héron gris et la héronnière d'Ecury. 105

 IX. Étude élémentaire de l'oiseau. 115

  X. Recherches sur le dimanche 123

    Conclusion. 131